W0324680

Das Obst Smoothies 1×1

Für mehr Gesundheit und Fitness im Leben

Antje Welten

KIWI
PUBLISHING

ISBN-13: 978-1530040308
ISBN-10: 1530040302

LIEBE LESERINNEN UND LESER,

für die meisten von uns, einschließlich mir, ist es schier unmöglich 5 Mal am Tag Obst und Gemüse zu essen, wie es die Deutsche Gesellschaft für Ernährung (DGE) empfiehlt. Entweder lässt es unser Arbeitsalltag nicht zu, der Hunger fehlt oder wir vergessen es schlicht und ergreifend. Die Folgen sind Müdigkeit, Nervosität und Kreislaufbeschwerden.

Leider versprechen auch die Fruchtsäfte aus den Supermärkten keine große Abhilfe, da die Früchte bei der Herstellung in der Regel nur entsaftet und nicht püriert werden. Dabei gehen schon mehr als 50% der Vitamine verloren.

***Sind Smoothies also die gesündere Alternative?** Definitiv, denn bei der Zubereitung der Smoothies werden die Früchte nicht nur entsaftet, sondern komplett verarbeitet bzw. püriert. Dadurch gehen keinerlei Nährstoffe verloren.*

In diesem Buch möchte ich Sie für die köstlichen Obst-Smoothies begeistern und Sie zu einer gesünderen Lebensweise bewegen.

Darum lade ich Sie ganz herzlich ein, zusammen mit mir:

- *Schritt für Schritt in die Welt der Obst-Smoothies einzutauchen*
- *101 köstliche Rezepte zu entdecken (klassisch - exotisch)*
- *Die typischen Anfängerfehler direkt zu vermeiden*

...und das Leben zu genießen!

Ich bedanke mich für Ihr Vertrauen

Antje Welten

Inhalt

1 Das Obst Smoothies 1x1 8

1.1 Die „Fünf am Tag“-Formel
1.2 Vorteile von Obst-Smoothies
1.3 Schalen und Kerne
1.4 Nachsüßen, aber bitte richtig!
1.5 Die Wahl des richtigen Mixers
1.6 Kaufkriterien des Mixers
1.7 Meine 7 pers. Anfänger-Tipps
1.8 Deko & Serviervorschläge

2 Zutaten und Nährwerte 35

3 Über die Rezepte 37

4 Klassische Obst-Smoothies 38

4.1 Pfirsich-Melonen-Smoothie
4.2 Apfel-Smoothie
4.3 Mango-Smoothie
4.4 Bananen-Apfel-Smoothie
4.5 Kiwi-Smoothie
4.6 Nektarinen-Smoothie
4.7 Ananas-Bananen-Smoothie
4.8 Mandarinen-Birnen-Smoothie
4.9 Kiwi-Orangen-Smoothie
4.10 Bananen-Birnen-Smoothie
4.11 Honigmelonen-Apfel-Bananen-Smoothie
4.12 Grapefruit-Ananas-Smoothie
4.13 Kiwi-Bananen-Smoothie
4.14 Kokos-Nektarinen-Smoothie
4.15 Pfirsich-Bananen-Smoothie

4.16 Zwetschgen-Bananen-Smoothie
4.17 Apfel-Mango-Smoothie
4.18 Ananas-Kiwi-Litschi-Smoothie
4.19 Galiamelonen-Smoothie
4.20 Papaya-Apfel-Mango-Smoothie
4.21 Kaki-Orangen-Smoothie
4.22 Maracuja-Mango-Smoothie
4.23 Zitronen-Orangen-Kiwi-Bananen-Smoothie
4.24 Nektarinen-Melonen-Smoothie
4.25 Mirabellen-Smoothie
4.26 Papaya-Bananen-Smoothie
4.27 Apfel-Birnen-Smoothie
4.28 Drachenfrucht-Smoothie
4.29 Pfirsich-Maracuja-Smoothie
4.30 Melonen-Aprikosen-Bananen-Smoothie
4.31 Kiwi-Ananas-Smoothie
4.32 Feigen-Smoothie
4.33 Papaya-Mango-Smoothie
4.34 Granatapfel-Bananen-Smoothie
4.35 Mango-Ananas-Smoothie
4.36 Guaven-Mango-Smoothie
4.37 Kiwi-Melonen-Smoothie
4.38 Ananas-Nektarine-Aprikosen-Smoothie
4.39 Pflaumen-Bananen-Smoothie
4.40 Birnen-Chili-Smoothie
4.41 Kaktusfeigen-Smoothie
4.42 Kiwi-Birnen-Smoothie
4.43 Mirabellen-Bananen-Smoothie
4.44 Sternfrucht-Ananas-Bananen-Smoothie
4.45 Apfel-Kiwi-Orangen-Smoothie

5 Leckere Beeren-Smoothies 83

5.1 Erdbeer-Smoothie | + Mango & Banane
5.2 Sauerkirsch-Smoothie | + Grapefruit
5.3 Schwarzer Johannisbeer-Smoothie | + Banane
5.4 Blaubeer-Smoothie | + Banane
5.5 Erdbeer-Smoothie | + Feige
5.6 Himbeer-Smoothie | + Banane
5.7 Erdbeer-Smoothie | + Apfel & Banane
5.8 Weintrauben-Smoothie | + Banane
5.9 Roter Johannisbeer-Smoothie
5.10 Beerenmix-Smoothie | + Mango & Banane
5.11 Blaubeer-Smoothie | + Mango
5.12 Erdbeer-Smoothie | + Mango, Melone &Ananas
5.13 Stachelbeer-Smoothie
5.14 Erdbeer-Smoothie | + Banane
5.15 Himbeer-Smoothie | + Apfel & Orange
5.16 Blaubeer-Smoothie
5.17 Roter Johannisbeer-Smoothie | + Kiwi & Banane
5.18 Himbeer-Smoothie | + Birne
5.19 Erdbeer-Smoothie | + Ananas & Banane
5.20 Weintrauben-Smoothie | + Kiwi & Apfel
5.21 Preiselbeer-Smoothie
5.22 Sauerkirsch-Smoothie
5.23 Himbeer-Blaubeer-Smoothie
5.24 Erdbeer-Smoothie | + Mango
5.25 Brombeer-Smoothie | + Kiwi & Banane
5.26 Weintrauben-Smoothie | + Zuckermelone
5.27 Roter Johannisbeer-Erdbeeren-Smoothie
5.28 Himbeer-Blaubeeren-Smoothie
5.29 Stachelbeer-Smoothie | + Mango
5.30 Himbeer-Erdbeeren-Smoothie | + Banane
5.31 Weintrauben-Smoothie | + Banane & Orange
5.32 Preiselbeer-Smoothie | + Banane
5.33 Brombeer-Smoothie | + Banane
5.34 Blaubeer-Smoothie | + Banane & Apfel

5.35 Himbeer-Smoothie | + Pfirsich
5.36 Erdbeer-Smoothie | + Aprikose
5.37 Sauerkirsch-Smoothie | + Wassermelone
5.38 Schwarzer Johannisbeer-Smoothie | + Aprikose
5.39 Blaubeer-Smoothie | + Kiwi
5.40 Preiselbeer-Erdbeeren-Smoothie
5.41 Himbeer-Smoothie
5.42 Brombeer-Johannisbeeren-Smoothie | + Banane
5.43 Weintrauben-Smoothie | + Pflaume
5.44 Süßkirschen-Smoothie | + Banane
5.45 Blaubeer-Smoothie | + Mandarine

6 Exotische Smoothies........................128

6.1 Obstmix-Kefir-Smoothie
6.2 Erdbeer-Bananen-Smoothie | + Kakao & Haferflocken
6.3 Apfel-Bananen-Smoothie | + Haferflocken & Rosinen
6.4 Honigeis-Smoothie
6.5 Weißer Tee-Smoothie
6.6 Ananas-Ingwer-Smoothie
6.7 Avocado-Smoothie
6.8 Obst-Smoothie | + Walnüsse
6.9 Himbeer-Smoothie | + Nüsse & Leinsamen
6.10 Chiasamen-Smoothie | + Trauben, Pflaumen & Kiwi
6.11 Klassischer Grüner Smoothie

7 Saisonskalender 139

8 Schlusswort..140

9 Anhang, Rechtliches & Impressum 141

1.Das Obst Smoothies 1x1

Herzlich willkommen zum *Obst Smoothies 1x1.* Ich freue mich, dass Sie sich für dieses Buch entschiedenen haben und wünsche Ihnen viel Spaß beim Lesen und Ausprobieren meiner Rezepte. Im ersten Abschnitt des Buches finden Sie alle grundlegenden Informationen rund um das Thema *Obst-Smoothies*. Dieser Teil richtet sich vor allem an Anfänger. Schritt für Schritt und ganz unkompliziert werde ich Sie in das Thema einführen und dabei alle offenen Fragen klären. Ich wünsche Ihnen viel Spaß dabei!

1.1 Die „Fünf am Tag"-Formel

Zwei Portionen Obst + drei Portionen Gemüse = Fünf Portionen Obst und Gemüse am Tag – dazu rät die *Deutsche Gesellschaft für Ernährung*, kurz *DGE.* Eine Portion entspricht dabei etwa einer Handvoll Obst bzw. Gemüse. Genauer gesagt sind das ca. 130 g pro Portion.

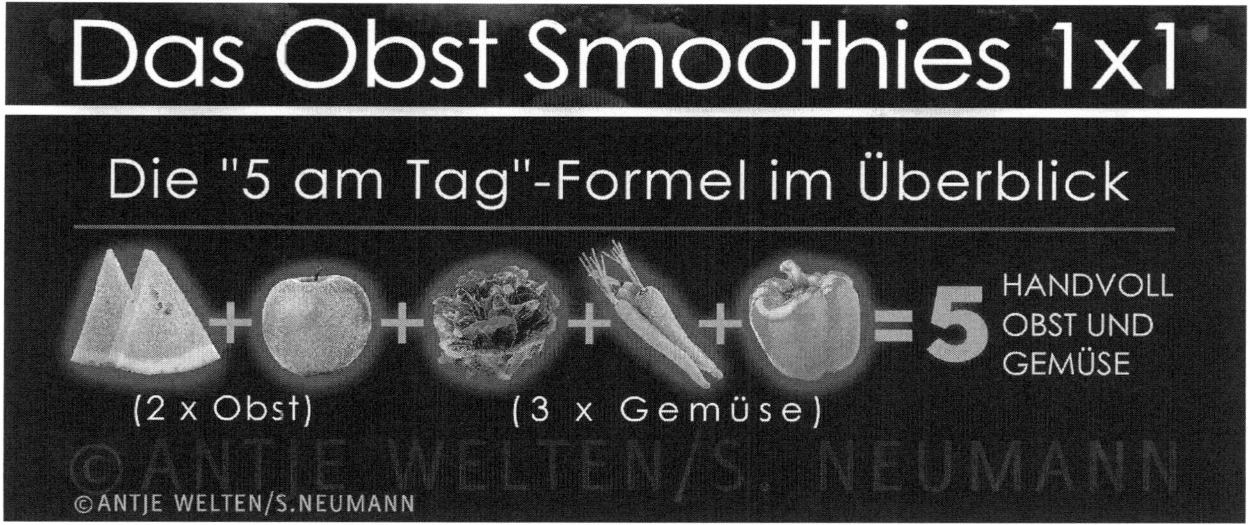

Hand aufs Herz: Denken Sie tatsächlich jeden Tag daran, ausreichend frisches Obst und Gemüse zu essen? Diese Grafik soll Ihnen bewusst machen, wie simpel es eigentlich ist, 5 Handvoll Obst und Gemüse täglich zu sich zu nehmen. Je nach Rezept genügt oft schon ein einziger Smoothie am Tag, damit Sie Ihren Obstbedarf decken.

1.2 Die Vorteile von Obst-Smoothies

✓ Nährstoffreich dank Rohkost

Bei der Verwendung von Obst, verwertet man - im Gegensatz zu herkömmlichen Fruchtsäften - die ganzen Früchte. Das heißt, es wird püriert und nicht entsaftet, wodurch wirklich alle Nährstoffe der Früchte vom Körper aufgenommen werden können. Selbst Schalen und Kerngehäuse sind für einen leistungsstarken Mixer kein Problem und können ebenfalls mit in den Mixer. Netter Nebeneffekt: Küchenabfälle werden vermieden. Weiterhin verwendet man bei der Zubereitung von *Obst-Smoothies* nur ungekochte bzw. rohe Zutaten, sodass hitzelabile Nährstoffe wie z.B. Vitamin C in vollem Umfang erhalten bleiben.

✓ Keine künstlichen Zusatzstoffe

Bei Säften bzw. Smoothies aus dem Supermarkt hat man oft das Problem, dass die Getränke Konservierungsstoffe enthalten, um eine längere Haltbarkeit zu gewährleisten. Teilweise werden sie mit Wasser gestreckt, unnötig nachgezuckert und in den seltensten Fällen weiß man woher das verarbeitete Obst überhaupt kommt. Abgesehen davon, dass in der deutschen Landwirtschaft der Einsatz von Pestiziden z.B. gegen die Bekämpfung von Schädlingen erlaubt ist und streng überwacht wird, weiß man bei ausländischem Obst nicht welche Pestizide eingesetzt wurden.

✓ Schnell, einfach und lange haltbar

Obst-Smoothies sind binnen 5-10 Minuten zubereitet und können für den ganzen Tag vorbereitet werden. Füllt man die Smoothies in ein verschließbares Gefäß (z.B. ein Schraubglas oder eine Thermosflasche) und lagert sie im Kühlschrank, sind sie sogar bis zu zwei Tage haltbar. Durch die schnelle Zubereitung und die unkomplizierte Handhabung, bietet es sich sehr gut an den allseits beliebten Coffee to Go durch einen vitaminreichen *Obst-Smoothie* zu ersetzen.

✓ Abwechslungsreich und lecker

Die Zutaten eines *Obst-Smoothies* lassen sich nach Herzenslust variieren. Egal ob Äpfel, Bananen, Beeren, Säfte oder Milch – lassen Sie ihrer Kreativität freien Lauf! Durch die Zugabe von Flüssigkeiten bestimmen Sie selbst, welche Konsistenz Ihr *Obst-Smoothie* haben soll. So wäre im Sommer z.B. auch eine erfrischende Kaltschale zum Löffeln denkbar. Das Experimentieren mit verschiedenen Zutaten sorgt nicht nur für Abwechslung, sondern macht auch jede Menge Spaß.

1.3 Schalen, Kerne und Stiele

▶ **Schalen:**

In meiner Kindheit wurde mir oft gepredigt, dass unter der Schalte die meisten Vitamine stecken würden, weshalb man Obst niemals schälen sollte. Mittlerweile belegen zahlreiche wissenschaftliche Studien, dass bei den meisten Früchten die Nährstoffkonzentration direkt unter der Schale tatsächlich am höchsten ist, wobei die Schale selbst fast ausschließlich aus Ballaststoffen besteht. Ballaststoffe sind langkettige Kohlenhydrate, die unser Körper nicht verarbeiten kann und darum unverändert ausscheidet. Dennoch sind Ballaststoffe gesund, denn sie regulieren u.a. den Blutzuckerspiegel und senken somit das Risiko für Diabetes Typ II, wirken positiv auf die Darmflora und sorgen zusätzlich für ein angenehmes Sättigungsgefühl. Die Schalen des Obstes mitzuverarbeiten ist also grundsätzlich empfehlenswert. Doch wie bereits erwähnt, wird das Obst in der modernen Landwirtschaft sehr oft mit Pestiziden gespritzt. Diese setzen sich vor Allem in den Schalen ab, weshalb Sie unbedingt auf Bio-Obst zurückgreifen sollten.

▶ **Stiele:**

Stiele, Rispen und Blütenansätze bestehen wie die Schalen hauptsächlich aus Ballaststoffen und können daher bedenkenlos verzehrt werden. Während es bei den Schalen allerdings noch Sinn macht diese mitzuverarbeiten (schließlich würde man beim Schälen des Obstes die Nährstoffe direkt unter der Schale ebenfalls entfernen), erhöhen Sie durch den Verzehr von Stielen und Co. im Grunde genommen nur die Menge an Kohlenhydraten, ohne einen gesundheitlichen Nutzen daraus zu ziehen. Da das Obst durch den Fruchtzucker selbst schon sehr viele Kohlenhydrate enthält, sind die Stiele absolut unnötig. Falls Sie sich dennoch dazu entscheiden sollten die Stiele, Rispen und Blütenansätze mitzuverarbeiten, dann gilt das Gleiche wie bei den Schalen: Bitte nur von Bio-Obst und vorher gründlich waschen.

► **Kerne:**

Bei Obst unterscheidet man u.a. zwischen Kernobst (z.B. Äpfel, Birnen und Quitten) und Steinobst (z.B. Kirschen, Pfirsiche und Pflaumen). Das Kernobst zeichnet sich durch viele, weiche Kerne im Inneren aus, während das Steinobst einen einzigen, harten Kern besitzt. Bei dem Verzehr von Kernen scheiden sich die Gemüter: Einerseits enthalten Kerne die Blausäureverbindung *Amygdalin,* die in sehr großen Mengen zu einer Vergiftung bis hin zum Tod führen kann, andererseits schwört man in der Alternativmedizin beispielsweise auf Aprikosenkerne zur Krebsvorsorge. Wissenschaftliche Studien gibt es bislang nicht, weshalb das *Bundesinstitut für Risikobewertung (BfR)* dazu rät, „vorsorglich auf den Verzehr von Kernen zu verzichten“. Aus diesem Grund möchte ich zu diesem Thema auch keine Empfehlung aussprechen und hoffe dass Sie das verstehen.

1.4 Nachsüßen, aber bitte richtig!

In der Regel muss ein *Obst-Smoothie* nicht nachgesüßt werden, da die meisten Obstsorten einen hohen Fruchtzuckeranteil haben. Dennoch enthalten die Schalen und Kerne einige Bitterstoffe und auch die Säure von Zitrusfrüchten ist nicht jedermanns Geschmack. Aus diesem Grund werden Sie zwischendurch kaum um das Nachsüßen Ihrer *Obst-Smoothies* drum herum kommen. Doch bevor Sie nun spontan zum raffinierten Würfelzucker greifen, möchte ich Ihnen an dieser Stelle eine pflanzliche Alternative vorstellen: Stevia.

Stevia ist ein pflanzlicher Süßstoff, der aus den Blättern der südamerikanischen Steviapflanze gewonnen wird. Stevia hat zwar fast genauso viele Kohlenhydrate wie herkömmlicher Zucker, die Süßkraft ist jedoch bis zu vierhundert Mal stärker. Sie benötigen also nur kleinste Messerspitzen an Stevia zum Süßen, wodurch die Menge an Kohlenhydraten verschwindend gering ist. Auch die Anzahl der Kalorien ist im Gegensatz zu raffinierten Zucker unglaublich niedrig, weshalb Stevia bei vielen Diäten zum Einsatz kommt. Bei uns gibt es Stevia u.a. als Granulat, Pulver, Sirup und Tabs, da die Steviapflanze nicht in Deutschland angebaut wird. Da nicht jeder Stevia im Haus hat, werden bei den Rezepten in diesem Buch verschiedene Süßmittel angegeben. Diese können Sie aber problemlos durch Stevia ersetzen.

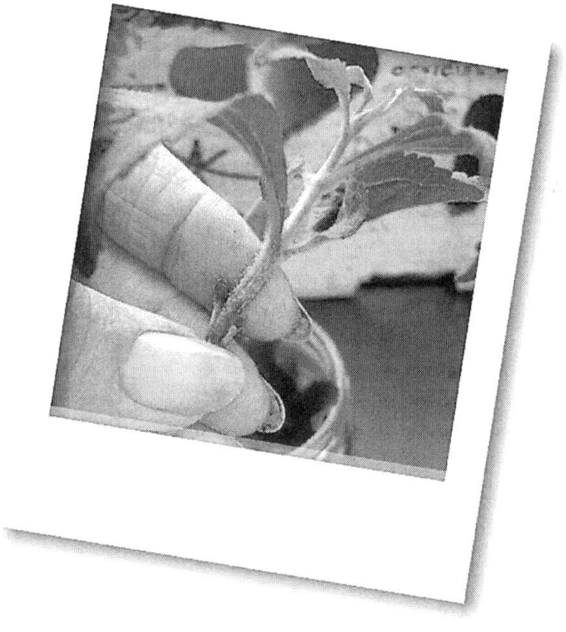

In der folgenden Liste finden Sie die Nährwerte der beliebtesten Süßmittel:

► **Raffinierter Zucker:**
Pro 100 g: 410 kcal | 1716 kJ | 0 g Eiweiß | 0 g Fett | 100 g KH

► **Stevia:**
Pro 100 g: 0,6 kcal | 2 kJ | 0 g Eiweiß | 0 g Fett | 99 g KH

► **Ahornsirup:**
Pro 100 g: 264 kcal | 1105 kJ | 0 g Eiweiß | 0 g Fett | 66 g KH

► **Getrocknete Datteln:**
Pro 100 g: 277 kcal | 1159 kJ | 1,1 g Eiweiß | 0,5 g Fett | 66 g KH

► **Agavendicksaft:**
Pro 100 g: 304 kcal | 1272 kJ | 0,1 g Eiweiß | 0 g Fett | 76 g KH

► **Honig:**
Pro 100 g: 332 kcal | 1390 kJ | 0 g Eiweiß | 0 g Fett | 81 g KH

Mein persönlicher Tipp: Egal ob Brot, Milchspeisen oder Säfte - in unseren Lebensmitteln befindet sich fast überall Zucker, so auch in Obst. Der übermäßige Konsum von Zucker ist schädlich für unseren Körper, fördert u.a. Karies und lässt die Zellen schneller altern. Dennoch enthält Obst viele wichtige Nährstoffe, die unser Körper braucht. Anstatt also auf das Obst zu verzichten, sollten Sie lieber die zuckerhaltigen Lebensmittel in Ihrer Ernährung entlarven und reduzieren bzw. ganz vermeiden.

1.5 Die Wahl des richtigen Mixers

Das Pürieren von Obst bedarf nicht viel Kraft, da es sehr weich ist. Aus diesem Grund würde ein Pürierstab oder ein günstiger Haushaltsmixer vollkommen ausreichen. Das Problem ist jedoch, dass Sie mit den günstigen Geräten die Schalen, Kerngehäuse und Kerne nur grob oder gar nicht zerkleinern können. Hinzu kommt, dass Sie in Zukunft sicherlich auch gerne einmal die *Grünen Smoothies* ausprobieren möchten. Diese bestehen zu 50% aus Blattgemüse bzw. Pflanzengrün, welches sehr faserig ist und einen leistungsstarken Mixer unbedingt voraussetzt, um eine schöne cremige Konsistenz zu erhalten. Darum empfehle ich einen Hochleistungsmixer, statt eines günstigen Haushaltsmixers bzw. Pürierstabs.

Lassen Sie uns einen Vergleich anstellen:

Haushaltsmixer	**Hochleistungsmixer**
Leistung	
- 300 bis 500 Watt Leistung und somit eine niedrige Drehzahl; Zutaten müssen vorher sehr klein geschnitten werden; Zubereitung dauert sehr lange; Sämigkeit des Smoothies nicht optimal; Motor kann bei großer Füllmenge Schaden nehmen	+ 1000 bis 1800 Watt Leistung und somit hohe Umdrehungszahl; Zutaten müssen nur grob zerkleinert werden und auch härtere Schalen können verarbeitet werden; Zubereitung binnen Sekunden; Perfekte Konsistenz

Überhitzung	
- Längeres Mixen notwendig, wodurch es zu Erwärmung und somit zum Verlust von wichtigen Nährstoffen kommen kann (siehe *Kapitel 1.2 –* Nährstoffreich dank Rohkost); Motorschaden durch Überhitzung möglich	+ Keine Erwärmung, da der Smoothie in wenigen Sekunden fertig gemixt ist; Nährstoffe bleiben alle erhalten
Aufspaltung der Pflanzenzellen	
- Trotz scharfer Messer reicht die Leistung nicht, um die Pflanzenzellen garantiert aufzuspalten und alle Nährstoffe freizusetzen; Schlechtere Verdauung	+ Problemlose Aufspaltung der Zellen; Nährstoffe werden alle zugänglich; Optimale Verdauung gewährleistet
Geschmack	
- Keine optimale Sämigkeit; Geschmäcker einiger Nährstoffe nicht vorhanden, da diese nicht freigesetzt werden; Generell ist der Geschmack nicht so intensiv	+ Cremige Konsistenz; Durch Freisetzung aller Nährstoffe, können sich diese mit den anderen Nährstoffen verbinden und sorgen für einen besonders intensiven Geschmack
Preis	
+ bereits für unter 100€ erhältlich	- teuer; ab 300€ erhältlich

Die Vorteile eines Hochleistungsmixers liegen ganz klar auf der Hand. Mit bis zu 40.000 Umdrehungen pro Minute lässt er keine Wünsche offen, was sich natürlich im Preis bemerkbar macht. Viele Menschen schrecken die hohen Anschaffungskosten ab, wobei man bedenken sollte, dass die Geräte meist für den professionellen Einsatz (z.B. in Restaurants, Cafés oder Bars) konzipiert wurden. Das bedeutet, dass diese Mixer äußerst belastbar und somit sehr langlebig sind. Während Sie einen günstigen Haushaltsmixer bei einem Defekt wahrscheinlich entsorgen würden, bieten Ihnen die meisten Hersteller von Hochleistungsmixern einen kostenlosen Reparaturservice an.

Mein persönlicher Tipp: Als Studentin bin ich mehr oder weniger gezwungen sparsam mit meinem Geld umzugehen. Ich möchte Ihnen um Gottes Willen nichts aufschwatzen, aber für mich persönlich hat sich die Anschaffung eines guten Mixers mehr als gelohnt. Die qualitativen Unterschiede zwischen den günstigen und hochpreisigen Geräten sind doch sehr gravierend und in diesem Fall muss ich ehrlich zugeben: Teuer ist hier ganz klar besser! Wenn Sie sich allerdings noch unsicher sind, ob Sie so ein teures Gerät überhaupt täglich benutzen werden, dann empfehle ich Ihnen zunächst zu einem günstigen Haushaltsmixer zu greifen. Falls Sie sich dann im Laufe der Zeit für ein professionelleres Gerät entscheiden, können Sie Ihren Mixer immer noch an einen Freund, Verwandten oder Bekannten abtreten und ihn somit zu einer gesünderen Lebensweise bewegen.

1.6 Kaufkriterien des Mixers

Wenn Sie sich nun doch für den Kauf eines Hochleistungsmixers entschieden haben, stehen Sie vor der Qual der Wahl, denn auch in der Spitzenklasse ist die Auswahl an Produkten riesig. Darum schauen wir uns nun die Punkte an, die Sie beim Kauf eines Hochleistungsmixers unbedingt beachten sollten:

✔ **Leistung**

Einer der wichtigsten Faktoren beim Kauf eines Hochleistungsmixers ist die Leistung. Hierbei gilt die Faustregel: Je größer der Behälter ist, desto stärker sollte auch der Motor sein. Der Mixer sollte über eine Leistung von mindestens 1.000 Watt verfügen.

✔ **Drehzahl**

Ein zweiter entscheidender Punkt ist die Drehzahl. Von einem Hochleistungsmixer spricht man ab einer Drehzahl von mindestens 25.000 Umdrehungen pro Minute.

✔ **Behälter**

Bei der Größe des Behälters haben Sie die Wahl zwischen einer Füllmenge von 0,5 l bis hin zu 2,0 l. Große Behälter sind eher für den gewerblichen Gebrauch oder für Familien geeignet. Leben Sie allein oder zu zweit, empfiehlt es sich auf einen kleineren Behälter zurückzugreifen. Das schont nicht nur Ihr Portemonnaie, denn bei einem großen Behälter und einer zu geringen Füllmenge kann es u.a. vorkommen, dass die Messer die Zutaten nicht optimal erreichen.

✓ Material

Der Behälter eines Mixers besteht entweder aus Kunststoff oder aus Glas. Ein Glasbehälter verfärbt sich nicht, er zerkratzt nicht und nimmt keine Gerüche auf. Dafür ist er auch umso teurer. Für den Heimgebrauch reicht ein Kunststoffbehälter vollkommen aus. Dabei verwenden einige Hersteller jedoch minderwertiges Plastik, welches BPA (Bisphenol A) enthält. Obwohl es noch keine genauen Studien gibt, gilt BPA als gesundheitsschädlich. Bei einigen Produkten (z.B. Babyfläschchen) wurde der Einsatz von BPA sogar europaweit verboten. Achten Sie beim Kauf eines Mixers also darauf, dass der Behälter BPA-frei ist. Das folgende Siegel hilft Ihnen BPA-freie Geräte zu erkennen:

✔ Hygiene

Um schädlichen Keimen und einer Korrosion des Messers vorzubeugen, empfiehlt es sich den Mixer nach jeder Benutzung zu reinigen. Das kann schnell lästig werden, darum sollten Sie beim Kauf darauf achten, dass das Gerät leicht zu reinigen ist. Greifen Sie dabei auf die Erfahrungen anderer Kunden zurück und lesen Sie deren Rezensionen in Onlineshops oder Internetforen.

✔ Lautstärke

Je mehr Leistung ein Mixer hat, umso höher ist auch seine Lautstärke. Da der Mixvorgang jedoch nur einige Sekunden andauert, ist dieser Punkt für die meisten Menschen nicht ganz so entscheidend. Haben Sie allerdings Kinder, denen Sie beispielsweise vor dem Aufstehen einen *Obst-Smoothie* zubereiten möchten, könnte die Lautstärke eine wichtige Rolle spielen. Auch hier empfiehlt es sich die Meinungen von anderen Kunden in Onlineshops oder Internetforen einzuholen.

✔ Reparatur & Garantie

Da die Anschaffungskosten für einen Profimixer sehr hoch sind und ein Defekt niemals ausgeschlossen werden kann, sollten Sie sich vor dem Kauf informieren, ob der Hersteller eine Garantie anbietet, die über die gesetzliche Mindestlaufzeit von zwei Jahren hinausreicht. Achten Sie außerdem darauf, dass der Hersteller einen Reparaturservice bei einem Defekt anbietet.

1.7 Meine 7 pers. Anfänger-Tipps

Bevor wir uns gleich aktiv mit der Zubereitung der *Obst-Smoothies* befassen, möchte ich Ihnen noch ein paar persönliche Tipps mit auf den Weg geben.

Frisches und reifes Obst verwenden 1

Bei der Zubereitung eines *Obst-Smoothies* sollten Sie stets frisches und reifes Obst verwenden, denn unreifes Obst lässt sich einerseits schlechter im Mixer zerkleinern und kann andererseits säuerlich schmecken und den Geschmack verderben.

Cremig oder körnig? 2

Erdbeeren, Himbeeren und Brombeeren sind botanisch gesehen keine Beeren, sondern Rosengewächse und zählen zu der Gattung der Sammelnussfrüchte. Die eigentliche Frucht ist nicht das Fruchtfleisch, sondern die vielen kleinen Körner an der Oberfläche der Beeren. Diese bezeichnet man als Nüsse. Das Problem dabei ist, dass selbst ein Hochleistungsmixer die winzigen Nüsse nicht vollkommen pürieren kann, da die Messer des Mixers diese kaum erwischen. Die Konsistenz eines solchen Smoothies ist also immer etwas körniger. Falls Sie eine cremigere Konsistenz bevorzugen, sollten Sie a) den Smoothie länger mixen als gewohnt und/oder b) den fertigen Smoothie durch ein Sieb abgießen.

3 Kalt schmeckt´s am besten

Gerade *Obst-Smoothies* schmecken gut gekühlt am besten. Daher empfiehlt es sich Crushed Ice für die Zubereitung zu verwenden. Auch tiefgekühlte Beerenmischungen sind hervorragend geeignet. TK-Beeren gibt es in jedem Supermarkt, allerdings sollten Sie darauf achten dass sie ungezuckert sind und keine künstlichen Zusatzstoffe enthalten.

4 Haltbarkeit & Lagerung

Obst-Smoothies sollten innerhalb eines Tages verzehrt werden. Sie eignen sich daher gut, um sie morgens zuzubereiten und mit auf die Arbeit zu nehmen. Im Kühlschrank können Sie die Smoothies auch bedenkenlos bis zu zwei Tage lagern und mit einem Spritzer Zitrone garantieren Sie zusätzlich den Erhalt der Frische. Außerdem sollten Sie Ihre *Obst-Smoothies* immer in einem fest verschlossenen Gefäß aufbewahren (z.B. in Schraubgläsern).

5 Die richtige Konsistenz

Durch die Zugabe von Wasser bzw. anderen Flüssigkeiten können Sie die Konsistenz Ihres *Obst-Smoothies* selbst bestimmt. Darum empfehle ich Ihnen zu Beginn etwas weniger Flüssigkeit in den Mixer geben und sich Schritt für Schritt an die gewünschte Sämigkeit heranzutasten. Ich persönlich mag meinen

Frühstücks-Smoothie beispielsweise gerne etwas dickflüssiger. Aus diesem Grund gehe ich nicht nur sparsamer mit der Flüssigkeit um, sondern mixe meinen *Obst-Smoothie* auch nicht so lange wie üblich. Dadurch bleiben noch ein paar Fruchtstücke erhalten und mein Magen hat am Morgen etwas zum Arbeiten. Auch im Sommer ist ein dickflüssiger Smoothie in Form einer Kaltschale zum Löffeln sehr lecker.

6

Den Mixer richtig befüllen

Bei der Zubereitung eines *Obst-Smoothies* sollten Sie das weichere Obst zuerst in den Mixer geben, damit schnell ein Strudel entstehen kann. Die Flüssigkeit kommt immer erst ganz zum Schluss, um die Konsistenz zu bestimmen.

7

Experimentieren streng erlaubt

Manche Zutaten harmonieren einfach nicht so gut miteinander wie andere, weshalb Sie sich als Anfänger zunächst an die erprobten Rezepte in diesem Buch halten sollten. Mit der Zeit können Sie aber mit den Zutaten experimentieren. Durch Superfoods wie z.B. Matcha, Ingwer oder Aronia-Beeren sowie Minze, Vanille oder Chili, verleihen Sie Ihrem Smoothie außerdem eine ganz eigene Note. Das sorgt nicht nur für Abwechslung, sondern macht auch unheimlich viel Spaß.

1.8 Deko- & Serviervorschläge

Wie heißt es doch so schön? „Das Auge isst mit“ und wer seine Smoothies gerne hübsch anrichten möchte, sollte unbedingt einen Blick auf das folgende Kapitel werfen. Dort stelle ich Ihnen ein paar Serviervorschläge vor, die sowohl Ihren Gästen, als auch den Kleinsten gefallen werden.

Jetzt wird´s bunt! Servieren Sie Ihre *Obst-Smoothies* mit den farblich passenden Trinkhalmen. Je nach Anlass gibt es die Trinkhalme auch mit verschiedenen Mustern.

Keep cool! Auf Sommerpartys sehr beliebt, sind diese praktischen Smoothie-Becher aus Kunststoff. Die Becher haben einen halbrunden Deckel, wodurch sich die *Obst-Smoothies* an besonders heißen Tagen mit viel Crushed Ice befüllen lassen. Außerdem schützt der Deckel vor Schmutz und Ungeziefer, wenn Sie sich im Freien aufhalten. Diese Becher gibt es auch aus Hartplastik und Glas, zum Wiederverwenden.

Das Auge isst mit! Schneiden Sie verschiedene Früchte an und stecken Sie diese an den Rand der Gläser. Dadurch wirken die *Obst-Smoothies* noch viel frischer und appetitlicher und Ihre Gäste sehen gleichzeitig, was in dem Smoothie enthalten ist. Besonders bei Buffets mit Selbstbedienung zahlt sich dieser Tipp aus, da somit jeder Gast seinen Lieblings-Smoothie auswählen kann.

Eiskaltes Topping! Ebenfalls gut geeignet für den Sommer sind gefrorene Beeren als Topping für den *Obst-Smoothie.* Auch andere gefrorene Obststücke eignen sich als hübscher Ersatz für herkömmliche Eiswürfel.

Aufgespießt! Bei besonderen Anlässen serviere ich meine Smoothies gerne in Stielgläsern. Statt die Früchte am Rand der Gläser zu befestigen, nutze ich lieber kleine Spieße – das wirkt um einiges eleganter.

Achtung klebrig! Für Kindergeburtstage oder einfach nur so zum Spaß, habe ich den folgenden Serviervorschlag für Sie: Geben Sie etwas Zitronensaft auf einen Kaffeeteller. Tauchen Sie ein Glas kopfüber in den Saft, sodass der Glasrand innen und außen angefeuchtet wird. Nun geben Sie eine Packung Brausepulver auf einen weiteren Kaffeeteller und tauchen den Rand des Glases ebenfalls dort ein. Drehen Sie das Glas ein wenig in der Brause, damit der komplette Rand bedeckt wird. Eine klebrige Angelegenheit, aber sehr witzig!

Robust! Wenn ich zu Hause für mich alleine einen *Obst-Smoothie* zubereite, nutze ich mittlerweile ausschließlich diese Gläser (siehe Foto). Neben einem praktischen Henkel haben die Gläser ein Volumen von ca. 0,5 l und einen Schraubverschluss. Gerade wenn ich im Sommer im Garten arbeite sind diese Gläser extrem praktisch, denn durch das dicke Glas sind sie sehr robust und halten eine Menge aus. Meinen Gästen würde ich allerdings keinen Smoothie in diesen Gläsern servieren, denn dafür wirken sie meiner Meinung nach zu rustikal.

Ich hoffe meine Serviervorschläge haben Ihnen gefallen. Ich bin immer interessiert an neuen kreativen Vorschlägen und falls Sie auch eine schöne Idee haben, können Sie mir diese gerne in einer Rezension bei Amazon mitteilen. Ich würde mich wirklich sehr darüber freuen.

2.Zutaten und Nährwerte

Die folgende Listet beinhaltet alle gängigen Obst- und Beerensorten, die in den Rezepten vorkommen. Die Nährwerte beziehen sich dabei auf 100 g einer Zutat.

Ananas: *56 kcal, 234 kJ, 0,5 g Eiweiß, 0,2 g Fett, 12,4 g KH*

Äpfel: *49 kcal, 205 kJ, 0,3 g Eiweiß, 0 g Fett, 12 g KH*

Aprikosen: *49 kcal, 205 kJ, 1 g Eiweiß, 0 g Fett, 11 g KH*

Bananen: *89 kcal, 372 kJ, 1 g Eiweiß, 0 g Fett, 20 g KH*

Birnen: *57 kcal, 238 kJ, 1 g Eiweiß, 0 g Fett, 13 g KH*

Blaubeeren: *57 kcal, 238 kJ, 1 g Eiweiß, 0 g Fett, 13 g KH*

Brombeeren: *41 kcal, 171 kJ, 1 g Eiweiß, 0 g Fett, 9 g KH*

Drachenfrucht: *36 kcal, 151 kJ, 1 g Eiweiß, 0,4 g Fett, 7,1 g KH*

Erdbeeren: *33 kcal, 138 kJ, 1 g Eiweiß, 0 g Fett, 7 g KH*

Feigen: *60 kcal, 251 kJ, 1 g Eiweiß, 0 g Fett, 14 g KH*

Galiamelone: *33 kcal, 138 kJ, 1 g Eiweiß, 0 g Fett, 7 g KH*

Grapefruits: *23 kcal, 96 kJ, 0,6 g Eiweiß, 0,2 g Fett, 5,6 g KH*

Guaven: *35 kcal, 158 kJ, 0,9 g Eiweiß, 0,5 g Fett, 6,7 g KH*

Holunderbeeren: *41 kcal, 171 kJ, 3 g Eiweiß, 0 g Fett, 7 g KH*

Himbeeren: *37 kcal, 154 kJ, 1 g Eiweiß, 0 g Fett, 8 g KH*

Honigmelone: *48 kcal, 201 kJ, 1 g Eiweiß, 0 g Fett, 11 g KH*

Johannisb. (rot): *33 kcal, 139 kJ, 1,1 g Eiweiß, 0,2 g Fett, 4 g KH*

Johannisb. (schw.): *40 kcal, 168 kJ, 1,3 g Eiweiß, 0,2 g Fett, 6 g KH*

Kaktusfeigen: *46 kcal, 194 kJ, 1 g Eiweiß, 0,4 g Fett, 7,1 g KH*

Kakis: *68 kcal, 285 kJ, 1 g Eiweiß, 0 g Fett, 15 g KH*

Kiwis: *56 kcal, 221 kJ, 1 g Eiweiß, 0 g Fett, 12 g KH*

Litschis: *66 kcal, 276 kJ, 0,8 g Eiweiß, 0,4 g Fett, 16,5 g KH*

Mirabellen: *66 kcal, 276 kJ, 1 g Eiweiß, 0 g Fett, 15 g KH*

Nektarinen: *70 kcal, 293 kJ, 1 g Eiweiß, 0 g Fett, 16 g KH*

Orange: *47 kcal, 198 kJ, 1 g Eiweiß, 0,2 g Fett, 8,3 g KH*

Papaya: *39 kcal, 163 kJ, 1 g Eiweiß, 0 g Fett, 8 g KH*

Pfirsiche: *45 kcal, 188 kJ, 1 g Eiweiß, 0 g Fett, 10 g KH*

Pflaumen: *62 kcal, 259 kJ, 1 g Eiweiß, 0 g Fett, 14 g KH*

Preiselbeeren: *37 kcal, 154 kJ, 0 g Eiweiß, 0 g Fett, 9 g KH*

Quitten: *39 kcal, 163 kJ, 0 g Eiweiß, 1 g Fett, 7 g KH*

Sauerkirschen: *194 kcal, 812 kJ, 0,5 g Eiweiß, 0,3 g Fett, 46 g KH*

Stachelbeeren: *41 kcal, 171 kJ, 1 g Eiweiß, 0 g Fett, 9 g KH*

Sternfrucht: *23 kcal, 96 kJ, 1,2 g Eiweiß, 0,5 g Fett, 3,5 g KH*

Süßkirschen: *65 kcal, 272 kJ, 1 g Eiweiß, 0,2 g Fett, 14 g KH*

Trauben: *70 kcal, 293 kJ, 1 g Eiweiß, 0 g Fett, 16 g KH*

Wassermelone: *28 kcal, 117 kJ, 0,8 g Eiweiß, 0 g Fett, 6 g KH*

Weintr. (rot): *71 kcal, 297 kJ, 0,7 g Eiweiß, 0,3 g Fett, 15,3 g KH*

Weintr. (weiß): *70 kcal, 293 kJ, 1 g Eiweiß, 0 g Fett, 16 g KH*

Zuckermelone: *55 kcal, 231 kJ, 0,9 g Eiweiß, 0,1 g Fett, 12 g KH*

Zwetschgen: *37 kcal, 154 kJ, 8,6 g Eiweiß, 0,1 g Fett, 8,4 g KH*

3.Über die Rezepte

Die Rezepte in diesem Buch sind in drei Kategorien eingeteilt. Die Idee dahinter ist:

Klassische Obst-Smoothies

✔ 45 reine Obst-Smoothies ohne Beeren

✔ Keine ausgefallenen Zutaten

✔ Obst-Sorten im Namen

Leckere Beeren-Smoothies

✔ 45 Obst-Smoothies mit Beeren

✔ Beeren-Sorten stehen am Anfang der Namen

✔ Obst Sorten stehen getrennt hinter den Namen

Exotische Smoothies

✔ 11 Smoothies mit besonderen Zutaten

WICHTIG: Die Rezepte in diesem Buch wurden sorgfältig ausgewählt. Dabei habe ich stark darauf geachtet, dass alle gängigen Obst- und Beeren-Sorten zu gleichen Teilen vorkommen, um möglichst alle Geschmäcker abzudecken.

Die Menge der zu verwendenden Flüssigkeiten in den Rezepten ist nur ein grober Richtwert, denn je nach Art, Größe und Reifegrad haben die Früchte einen unterschiedlich hohen Wasseranteil. Je nachdem welche Konsistenz Sie bevorzugen, fügen Sie bitte mehr oder weniger Flüssigkeit hinzu. Folglich variiert auch die Menge die Sie letztendlich erhalten, weshalb bewusst auf eine genaue Angabe in Litern verzichtet wurde.

4.Klassische Obst-Smoothies

4.1 Pfirsich Melonen Smoothie

ZWEI GLÄSER

Zutaten

2 Pfirsiche
1/4 Galiamelone
200 ml Buttermilch
1 Spritzer Zitronensaft
n.B. Agavendicksaft

Zubereitung

Waschen Sie die Pfirsiche und schneiden Sie diese klein. Nun vierteln Sie die Melone, entfernen die Kerne, schneiden das Fruchtfleisch heraus und würfeln es. Geben Sie zum Schluss das Obst zusammen mit der Buttermilch und einem Spritzer Zitronensaft in den Mixer und pürieren Sie das Ganze. Nach Belieben können Sie den Smoothie z.B. mit etwas Agavendicksaft nachsüßen.

4.2 Apfel-Smoothie

ZWEI GLÄSER

Zutaten

2 große Äpfel

500 ml Orangensaft

125 ml Apfelsaft

Zubereitung

Waschen Sie die Äpfel und schneiden Sie diese in große Stücke. Im Anschluss pürieren Sie die Apfelstücke in ihrem Mixer. Zum Schluss geben Sie den Apfel- und Orangensaft dazu und mixen das Ganze erneut zu einem köstlichen Smoothie.

4.3 Mango-Smoothie

EIN GLAS

Zutaten

1 Mango

3 Spritzer Zitronensaft

Zubereitung

Zunächst schälen und entkernen Sie die reife Mango und schneiden diese in ca. 1 cm große Stücke. Im nächsten Schritt geben Sie die Mango zusammen mit drei Spritzern Zitronensaft in den Mixer. Tipp: Zum Dekorieren des Smoothies eignen sich Minzblätter wunderbar.

4.4 Bananen-Apfel-Smoothie

ZWEI GLÄSER

Zutaten

2 Äpfel

1 Banane

200 ml Orangensaft

50 ml Wasser

Zubereitung

Waschen und schneiden Sie die Äpfel in Stücke. Nun schälen Sie die Banane und schneiden diese ebenfalls in grobe Stücke. Geben Sie die Obstwürfel zusammen mit dem Orangensaft in den Mixer und pürieren Sie das Ganze. Je nachdem wie sämig Ihr Smoothie werden soll, geben Sie zum Schluss noch etwas Wasser hinzu und starten den Mixer erneut.

4.5 Kiwi-Smoothie

Zutaten
8 Kiwis
1 Zitrone
1/2 l Mineralwasser
n.B. Ahornsirup

Zubereitung

Schälen Sie die Kiwis und geben Sie diese in den Mixer. Anschließend pressen Sie die Zitrone aus und gießen den Saft ebenfalls in den Mixer. Zum Schluss füllen Sie den Mixer mit ca. 1/2 l Mineralwasser auf. Tipp: Zum Nachsüßen empfehle ich bei diesem Smoothie Ahornsirup.

4.6 Nektarinen-Smoothie

EIN GLAS

Zutaten

2 Nektarinen
300 g Joghurt
1 Schuss Milch
n.B. 1 Msp Stevia

Zubereitung

Zu Beginn waschen und entkernen Sie die Nektarinen und geben diese in den Mixer. Anschließend fügen Sie den Joghurt, Milch und je nach Geschmack etwas Stevia hinzu und mixen alles kräftig durch.

4.7 Ananas-Bananen-Smoothie

ZWEI GLÄSER

Zutaten

1 Banane

300 g Ananas

150 g Naturjoghurt

200 ml Kokosmilch

Zubereitung

Schälen Sie die Banane und die Ananas und schneiden Sie beide in grobe Stücke. Nun mixen Sie das Obst zusammen mit dem Naturjoghurt und der Kokosnussmilch. Tipp: Dieser Smoothie schmeckt besonders gut, wenn Sie ihn vorher für ca. 30 Minuten im Kühlschrank kaltstellen.

4.8 Mandarinen-Birnen-Smoothie

ZWEI GLÄSER

Zutaten

3 Mandarinen
1 kleine Birne
200 ml Buttermilch
n.B. Honig
n.B. Zitronensaft

Zubereitung

Die Mandarinen und die Birne schälen und kleinschneiden. Beides pürieren Sie nun zusammen mit der Buttermilch. Mit etwas Honig und Zitronensaft schmecken Sie diesen Smoothie ab.

4.9 Kiwi-Orangen-Smoothie

Zutaten

1 Orange

2 Kiwis

200 ml Buttermilch

1 TL Honig

Zubereitung

Zunächst schälen Sie die Orange und die Kiwis und schneiden diese klein. Mixen Sie das Obst zusammen mit der Buttermilch und dem Honig.

4.10 Bananen-Birnen-Smoothie

ZWEI GLÄSER

Zutaten

500 ml Orangensaft

1 Banane

1 Birne

Zubereitung

Gießen Sie den Orangensaft in den Mixer. Waschen Sie nun die Birne gründlich und schneiden Sie diese in kleine Stücke. Anschließend schälen Sie die Banane und schneiden diese ebenfalls in kleine Stücke. Zum Schluss geben Sie die Birnen- und Bananenstücke mit in den Mixer und pürieren das Ganze. Dieser Smoothie ist besonders mild und eignet sich sehr gut zum Frühstück.

4.11 Honigmelone-Apfel-Bananen-Smoothie

DREI GLÄSER

Zutaten

1/2 Honigmelone
1 Apfel
1 Banane
250 ml Orangensaft

Zubereitung

Entfernen Sie die Kerne der Honigmelone mit einem Löffel. Als Nächstes löffeln Sie das Fruchtfleisch der Melone aus und geben es in den Mixer. Schälen Sie jetzt die Banane, schneiden Sie diese in kleine Stücke und geben Sie sie dazu. Anschließend entfernen Sie das Kerngehäuse des Apfels, schneiden ihn in kleine Stücke und geben ihn ebenfalls in den Mixer. Gießen Sie schließlich 250 ml Orangensaft dazu und mixen Sie das Ganze.

4.12 Grapefruit-Ananas-Smoothie

ZWEI GLÄSER

Zutaten

400 g Ananas
125 g Grapefruit
2 EL Limettensaft
4 EL Kokosmilch
n.B. 2 Blätter Minze oder Zitronenmelisse

Zubereitung

Schälen Sie die Ananas, entfernen Sie den Strunk und würfeln Sie das Fruchtfleisch grob. Nun halbieren Sie die Grapefruit, lösen das Fruchtfleisch aus der Schale und schneiden es klein. Geben Sie das Obst zusammen mit dem Limettensaft und der Kokosmilch in den Mixer. Ist der Smoothie fertig, können Sie die Gläser mit Minze oder Zitronenmelisse garnieren.

4.13 Kiwi-Bananen-Smoothie

ZWEI GLÄSER

Zutaten

1 Banane

1 Kiwi

1/2 l Orangensaft

n.B. 1/2 TL Honig

Zubereitung

Schälen Sie die Banane und die Kiwi und schneiden Sie diese in grobe Stücke. Geben Sie nun die Obstwürfel zusammen mit dem Orangensaft und nach Belieben mit etwas Honig in den Mixer.

4.14 Kokos-Nektarinen-Smoothie

ZWEI GLÄSER

Zutaten

150 g Nektarine
100 ml Kokosmilch
50 ml Milch
n.B. frischer Limettensaft
n.B. Zucker
n.B. Agavendicksaft

Zubereitung

Waschen, halbieren und entkernen Sie die Nektarinen. Jetzt geben Sie die Nektarinenhälften zusammen mit der Milch und der Kokosmilch in den Mixer und pürieren das Ganze. Mit frischen Limettensaft, Zucker und Agavendicksaft schmecken Sie den Smoothie ab.

4.15 Pfirsich-Bananen-Smoothie

EIN GLAS

Zutaten

1 Banane
3 halbe Pfirsiche
100 ml Grapefruitsaft
1 Spritzer Zitronensaft
n.B. Minze und Kumquats

Zubereitung

Die Banane schälen und zusammen mit den Pfirsichen und dem Grapefruitsaft im Mixer oder mit dem Pürierstab fein pürieren. Den Smoothie mit Zitronensaft abschmecken und mit der Minze und den Kumquats dekorieren. Kumquats werden auch „Zwergenorangen“ genannt und eignen sich sehr gut, um Sie als Deko an die Ränder der Gläser zu stecken.

4.16 Zwetschgen-Bananen-Smoothie

EIN GLAS

Zutaten

1 Handvoll Zwetschgen
1/2 große Banane
1 TL Zitronensaft
150 ml Buttermilch
n.B. Stevia oder Agavendicksaft

Zubereitung

Waschen, entkernen und würfeln Sie die Zwetschgen. Anschließend schälen und zerkleinern Sie die Banane und beträufeln die Stücke mit dem Zitronensaft. Mixen Sie das Ganze zusammen mit der Buttermilch und schmecken Sie den Smoothie mit Stevia oder Agavendicksaft ab.

4.17 Apfel-Mango-Smoothie

VIER GLÄSER

Zutaten

1 Mango

2 Äpfel

1/2 Zitrone

150 ml Wasser

Zubereitung

Schälen Sie die Mango und schneiden Sie das Fruchtfleisch klein. Waschen Sie die Äpfel und schneiden Sie diese ebenfalls klein. Pressen Sie nun die Zitrone aus und geben Sie alle Zutaten zusammen mit dem Wasser in den Mixer. Tipp: Wem dieser Smoothie zu dickflüssig sein sollte, der kann ihn problemlos mit etwas mehr Wasser verdünnen.

4.18 Ananas-Kiwi-Litschi-Smoothie

VIER GLÄSER

Zutaten

16 Litschis
2 Limetten
2 Kiwis
4 Scheiben frische Ananas
80 ml Apfelsaft
ca. 40 ml Wasser
16 kleine Blätter frische Minze
10 EL Crushed Ice

Zubereitung

Schälen Sie zunächst die Limetten und achten Sie darauf, dass Sie auch die weiße Innenhaut entfernen. Schneiden Sie nun das Fruchtfleisch direkt in den Mixer. Anschließend schälen Sie die Litschis, entfernen die Kerne und geben diese ebenfalls mit in den Mixer. Schälen und würfeln Sie schließlich die Kiwis und geben Sie diese zusammen mit den Ananasscheiben mit in den Mixer. Füllen Sie den Mixer mit ca. 80 ml Apfelsaft und 40 ml Wasser auf und mixen Sie das Ganze durch. Zum Schluss waschen Sie die Minzblätter, geben diese zusammen mit dem gestoßenen Eis in den Mixer und mixen den Smoothie noch einmal kräftig durch.

4.19 Galiamelonen-Smoothie

Zutaten

1/2 Galiamelone

250 g Joghurt

1 EL Zitronensaft

1 Prise Muskat

Zubereitung

Geben Sie das Fruchtfleisch einer halben Galiamelone in den Mixer. Nun geben Sie alle restlichen Zutaten dazu und pürieren alles. Tipp: Mit ein paar Blättern Zitronenmelisse können Sie die Gläser wunderbar dekorieren.

4.20 Papaya-Apfel-Mango-Smoothie

ZWEI GLÄSER

Zutaten

1 mittelgroße Papaya
1 kleiner Apfel
1/2 Mango
ca. 8 Eiswürfel

Zubereitung

Waschen, schälen und zerkleinern Sie die Papaya, den Apfel und die Mango. Da die Kerne der Papaya einen scharfen Geschmack haben, entkernen Sie diese gründlich. Zum Schluss geben Sie die Obstwürfel zusammen mit 8 Eiswürfeln in den Mixer.

4.21 Kaki-Orangen-Smoothie

ZWEI GLÄSER

Zutaten

2 Kakis
2 Orangen
30 ml Limettensaft
150 g Joghurt
150 ml Mineralwasser
20 g Honig
n.B. einige Blätter Zitronenmelisse

Zubereitung

Zunächst schälen Sie die Kakis, schneiden die Stielansätze heraus und schneiden das Fruchtfleisch in den Mixer. Als Nächstes schälen Sie die Orangen und schneiden diese ebenfalls mit in den Mixer. Geben Sie jetzt den Limettensaft und den Joghurt dazu und mixen Sie das Ganze kräftig durch. Danach geben Sie das Wasser und den Honig mit dazu und mixen den Smoothie noch einmal. Nach dem Anrichten des Smoothies eignet sich Zitronenmelisse besonders gut als Garnitur

4.22 Maracuja-Mango-Smoothie

ZWEI GLÄSER

Zutaten

3 Maracujas

200 g Mango

150 g Joghurt

1 EL Honig

250 ml Orangensaft

Zubereitung

Halbieren Sie die Maracujas, schneiden Sie das Fruchtfleisch heraus und streichen Sie es durch ein Sieb. Schälen und würfeln Sie nun die Mango und geben Sie diese zusammen mit dem Orangensaft, dem Joghurt, dem Honig und dem Maracuja-Fruchtfleisch in den Mixer. Nachdem Sie Ihren Smoothie püriert haben, teilen Sie ihn auf zwei Gläser auf und geben jeweils ca. 1/2 TL Joghurt darauf. Mit einem Strohhalm rühren Sie den Joghurt leicht unter den Smoothie.

4.23 Zitronen-Orangen-Kiwi-Banenen-Smoothie

EIN GLAS

Zutaten

100 g Banane

100 g Kiwi

1 Orange

1 Zitrone

100 g Joghurt

Zubereitung

Schälen und schneiden Sie zunächst die Kiwi direkt in den Mixer und pürieren Sie das Ganze. Pressen Sie nun die Orange und die Zitrone aus, geben Sie deren Saft mit in den Mixer und mixen Sie alles erneut gut durch. Abschließend geben Sie den Joghurt und nach Belieben etwas Honig dazu und mixen Ihren Smoothie fertig.

4.24 Nektarinen-Melonen-Smoothie

ZWEI GLÄSER

Zutaten

150 g Nektarinen
150 g Zuckermelone
100 ml Multivitaminsaft

Zubereitung

Halbieren Sie die Melone, entkernen Sie diese und schneiden Sie 150 g des Fruchtfleisches direkt in den Mixer. Im zweiten Schritt waschen und entkernen Sie die Nektarine(n) und schneiden diese ebenfalls in den Mixer. Gießen Sie zum Schluss noch ca. 100 ml Multivitaminsaft dazu und mixen Sie Ihren Smoothie.

4.25 Mirabellen-Smoothie

ZWEI GLÄSER

Zutaten

300 g Mirabellen
400 ml Mandelmilch
1 Vanilleschote

Zubereitung

Entkernen Sie die Mirabellen und zerkleinern Sie diese grob. Schneiden Sie die Vanilleschote längs auf und kratzen Sie das Mark mit einem Messer heraus. Geben Sie die Mirabellenstücke, das Vanillemark und 400 ml Mandelmilch in den Mixer und mixen Sie das Ganze kräftig durch.

4.26 Papaya-Bananen-Smoothie

ZWEI GLÄSER

Zutaten

1 Banane
1/2 Papaya
1/2 Zitrone
1 Msp. geriebenen Ingwer
350 ml Orangensaft

Zubereitung

Schälen Sie die Papaya, schneiden Sie diese auf und entfernen Sie die Kerne. Würfeln Sie jetzt die Papaya und schneiden Sie diese in den Mixer. Anschließend schälen Sie die Banane und geben diese ebenfalls in den Mixer. Schneiden Sie jetzt die Zitrone auf und pressen Sie eine Hälfte aus. Zum Schluss geben Sie die restlichen Zutaten in den Mixer und pürieren alles so lange, bis alles schön cremig ist. Tipp: Für einen intensiveren Geschmack können Sie den Smoothie zunächst auch ohne den Zitronensaft und den Ingwer mixen. Haben Sie den Smoothie in die Gläser gefüllt, rühren Sie den Ingwer und den Zitronensaft vorsichtig unter.

4.27 Apfel-Birnen-Smoothie

ZWEI GLÄSER

Zutaten

1 Apfel
1 Birne
170 ml Milch
100 g Quark
4 EL Joghurt
1 Prise Zimt

Zubereitung

Schälen Sie die Birne und den Apfel und schneiden Sie beide Früchte in Würfel. Geben Sie das Obst mit der Milch, dem Quark, dem Joghurt und einer Prise Zimt in den Mixer. Mixen Sie das Ganze schließlich durch und genießen Sie diesen einzigartigen Smoothie.

4.28 Drachenfrucht-Smoothie

ZWEI GLÄSER

Zutaten

2 Drachenfrüchte
200 ml Ananassaft
etwas Stevia
1 Schuss Limettensaft
Zitronenmelisse zum Garnieren

Zubereitung

Halbieren Sie die Drachenfrüchte, heben Sie das Fruchtfleisch mit einem Löffel heraus und geben Sie es direkt in den Mixer. Mixen Sie das Fruchtfleisch zusammen mit dem Ananassaft, dem Limettensaft und etwas Stevia. Garnieren Sie die Gläser mit etwas Zitronenmelisse.

4.29 Pfirsich-Maracuja-Smoothie

ZWEI GLÄSER

Zutaten

1 Pfirsich
1 Maracuja
150 g Magerquark
500 ml Milch
n.B. etwas Stevia

Zubereitung

Waschen und entkernen Sie den Pfirsich und die Maracuja und schneiden Sie beide Früchte in grobe Stücke. Geben Sie das Obst zusammen mit dem Quark, der Milch und nach Belieben mit etwas Stevia in den Mixer und pürieren Sie das Ganze schaumig. Tipp: Sollte Ihnen der Smoothie durch die Maracuja zu grobkörnig sein, streichen Sie den Smoothie im Anschluss durch ein Sieb.

4.30 Melonen-Aprikosen-Bananen-Smoothie

Zutaten

200 g Wassermelone
2 Aprikosen
1 Banane
100 g Joghurt
100 g Vanillejoghurt
100 ml Milch
n.B. Vanillezucker

Zubereitung

Halbieren Sie zunächst die Melone und schneiden Sie ca. 200 g direkt in den Mixer. Nun waschen und entkernen Sie die Aprikosen und schneiden sie in grobe Stücke. Die Banane schälen und stückeln Sie ebenfalls. Geben Sie das Obst zusammen mit dem Joghurt und der Milch in den Mixer und pürieren Sie das Ganze. Mit Vanillezucker können Sie ihren Smoothie nach Belieben abschmecken.

4.31 Kiwi-Ananas-Smoothie

ZWEI GLÄSER

Zutaten

450 g Ananas
2 Kiwis
10 Eiswürfel

Zubereitung

Schälen Sie die Ananas und geben Sie 450 g des Fruchtfleisches in den Mixer. Geben Sie fünf Eiswürfel dazu und pürieren Sie das Ganze. Teilen Sie den Ananas-Smoothie nun auf zwei Gläser auf und spülen Sie den Behälter des Mixers aus. Im nächsten Schritt schälen Sie die Kiwis, schneiden diese direkt in den Mixer und geben die restlichen fünf Eiswürfel dazu. Mixen Sie das Ganze und gießen Sie den Kiwi-Smoothie auf den Ananas-Smoothie. Ein tolles Farbenspiel!

4.32 Feigen-Smoothie

ZWEI GLÄSER

Zutaten

6 große Feigen
2 Orangen
2 Pink Grapefruits
200 ml Milch
1 EL Honig
1 Limette

Zubereitung

Entsaften Sie zunächst die beiden Orangen, die Grapefruits und die Limette. Schneiden Sie nun die Stiele von den Feigen ab und halbieren Sie die Feigen. Geben Sie die Feigenhälften zusammen mit dem Orangen- und Grapefruitsaft, der Milch und dem Honig in den Mixer. Mixen Sie das Ganze zu einer cremigen Masse. Zum Schluss gießen Sie den Limettensaft dazu und pürieren den Smoothie kurz ein weiteres Mal.

4.33 Papaya-Mango-Smoothier

VIER GLÄSER

Zutaten

1 Dose Mangos
500 g Papaya
1 Zitrone
8 EL Naturjoghurt

Zubereitung

Geben Sie die Mangos mit dem Saft aus der Dose in den Mixer. Schälen und entkernen Sie die Papayas und geben Sie diese ebenfalls in den Mixer. Mixen Sie das Ganze nun kräftig durch und schmecken Sie den Smoothie mit Zitronensaft ab. Haben Sie den Smoothie angerichtet, teilen Sie zum Schluss den Naturjoghurt auf die Gläser auf.

4.34 Granatapfel-Bananen-Smoothie

ZWEI GLÄSER

Zutaten

2 Äpfel

1 Banane

2 Granatäpfel

ca. 75 bis 100 ml Wasser

Zubereitung

Waschen und schneiden Sie die Äpfel in kleine Stücke. Anschließend entfernen Sie die Schale der Banane und schneiden diese in grobe Scheiben. Pressen Sie nun den Saft der Granatäpfel aus und geben Sie alles zusammen mit dem Wasser in den Mixer. Alternativ können Sie auch die Kerne der Granatäpfel entfernen und das gesamte Fruchtfleisch der Granatäpfel mit in den Mixer geben. Einerseits wird dadurch der Nährstoffgehalt Ihres Smoothies erhöht, andererseits ist es ziemlich schwierig die Kerne sauber zu entfernen.

4.35 Mango-Ananas-Smoothie

ZWEI GLÄSER

Zutaten

300 g Ananas
200 g Mango
300 ml Kokoswasser
n.B. 1 EL Quark

Zubereitung

Zunächst schälen Sie die Mango und die Ananas und schneiden alles in grobe Stücke. Mixen Sie das Obst zusammen mit dem Kokoswasser. Wenn Sie möchten können Sie auch 1 EL Quark dazugeben – Das verleiht diesem Smoothie eine cremigere Konsistenz.

4.36 Guaven-Mango-Smoothie

ZWEI GLÄSER

Zutaten

1/2 Mango

1/2 Papaya

2 Orangen

Zubereitung

Schälen und entkernen Sie die Mango und die Papaya und schneiden diese dann klein. Nun pressen Sie die beiden Orangen aus und geben den Saft zusammen mit dem Obst in den Mixer. Mixen Sie alles kräftig durch und servieren Sie den Smoothie in zwei Gläsern.

4.37 Kiwi-Melonen-Smoothie

EIN GLAS

Zutaten

1/4 Galiamelone
2 Kiwis
etwas brauner Zucker
ca. 1 Spritzer Zitronensaft

Zubereitung

Im ersten Schritt halbieren Sie die Kiwis, löffeln das Fruchtfleisch aus und geben es in den Mixer. Anschließend vierteln Sie die Galiamelone, kratzen die Kerne heraus und schneiden das Fruchtfleisch ebenfalls direkt in den Mixer. Je nachdem wie reif die Kiwi ist, geben Sie etwas mehr oder weniger Zitronensaft und braunen Zucker dazu und mixen den Smoothie. Zur Dekoration können Sie eine dünne Zitronenscheibe an den Rand des Glases stecken.

4.38 Ananas-Nektarine-Aprikosen-Smoothie

EIN GLAS

Zutaten

4 Aprikosen
1 Nektarine
100 g Ananas
1 Spritzer Zitronensaft
100 ml Wasser

Zubereitung

Waschen Sie die Aprikosen und die Nektarine, entfernen Sie die Kerne und schneiden Sie alles in grobe Stücke. Anschließend schälen Sie die Ananas, schneiden 100 g ab und geben diese zusammen mit den Aprikose- und Nektarinen-Stücken in den Mixer. Zum Schluss geben Sie noch 100 ml Wasser und einen Spritzer Zitrone dazu und können Ihren Smoothie mixen.

4.39 Pflaumen-Bananen-Smoothie

EIN GLAS

Zutaten

1 kleine Banane
1 Handvoll Zwetschgen
1 TL Zitronensaft
150 ml Buttermilch
n.B. Agavendicksaft

Zubereitung

Zu Beginn waschen Sie die Pflaumen und entkernen diese. Anschließend schälen Sie die Banane und schneiden diese in grobe Stücke. Geben Sie alle Zutaten in den Mixer und pürieren Sie das Ganze. Mit etwas Agavendicksaft können Sie Ihren Smoothie nach Belieben nachsüßen.

4.40 Birnen-Chili-Smoothie

EIN GLAS

Zutaten

1 Birne
1 Chili
1/2 Teelöffel Nussnougatcreme
100 ml Orangensaft

Zubereitung

Schälen Sie die Birne und würfeln Sie diese. Würfeln Sie ebenfalls die Chili. Geben Sie die Birnen- und Chiliwürfel zusammen mit 1/2 Teelöffel Nussnougatcreme (z.B. Nutella) und 100 ml Orangensaft in den Mixer. Eine exotische Kombination die man unbedingt mal testen sollte.

4.41 Kaktusfeigen-Smoothie

EIN GLAS

Zutaten

3 Kaktusfeigen
1/4 gelbe Wassermelone
1 Tl geriebene Zitrone
1/2 Limette

Zubereitung

Schneiden Sie die gelbe Wassermelone auf. Nun schneiden Sie ca. 1/4 der Melone aus der Schale und geben die Stücke direkt in den Mixer. Anschließend kratzen Sie das Fruchtfleisch der drei Kaktusfeigen heraus und geben es zusammen mit etwas geriebener Zitrone ebenfalls mit in den Mixer. Zum Schluss pressen Sie eine halbe Limette aus, gießen den Saft dazu und mixen den Smoothie kräftig durch. Tipp. Gießen Sie den Smoothie nach dem Mixen durch ein Sieb, um garantiert keine Kerne mehr im Getränk zu haben.

4.42 Kiwi-Birnen-Smoothie

ZWEI GLÄSER

Zutaten

2 Kiwis

1 Birne

2 EL Zitronensaft

1 TL Honig

n.B. 100 ml Apfelsaft

Zubereitung

Im ersten Schritt schälen Sie die Birne. Nun vierteln Sie diese, entfernen das Kerngehäuse und schneiden das Fruchtfleisch in Würfel. Nun schälen Sie noch die Kiwis und schneiden diese ebenfalls in Würfel. Geben Sie das Obst zusammen mit dem Zitronensaft und etwas Honig in den Mixer und pürieren Sie alles. Da dieser Smoothie recht dickflüssig ist, können Sie nach Belieben etwas Apfelsaft dazugeben.

4.43 Mirabellen-Bananen-Smoothie

VIER GLÄSER

Zutaten

500 g Mirabellen

2 Bananen

3 Orangen

Zubereitung

Waschen und halbieren Sie die Mirabellen und entfernen Sie die Kerne. Jetzt schälen Sie die beiden Bananen, schneiden diese klein und pressen die Orangen aus. Zum Schluss geben Sie den Orangensaft und das Obst in den Mixer und pürieren alles zu einem cremigen Smoothie.

4.44 Sternfrucht-Ananas-Bananen-Smoothie

ZWEI GLÄSER

Zutaten

1 Sternfrucht

1 halbe Ananas

1 Banane

4 Orangen

n.B. Wasser

Zubereitung

Halbieren Sie die Ananas, entfernen Sie die Schale der einen Hälfte und schneiden Sie das Fruchtfleisch klein. Nun schälen Sie die Banane und schneiden diese ebenfalls in grobe Stücke. Im nächsten Schritt pressen Sie die vier Orangen aus. Die Sternfrucht braucht nicht geschält und entkernt werden – waschen Sie diese einfach nur gründlich und schneiden Sie sie in Scheiben. Schließlich geben Sie alle Zutaten in den Mixer und pürieren Ihren Smoothie. Nach Belieben können Sie anschließend noch etwas Wasser hinzufügen, um eine flüssigere Konsistenz zu erhalten.

4.45 Apfel-Kiwi-Orangen-Smoothie

EIN GLAS

Zutaten
1 Apfel
2 Kiwis
2 Orangen

Zubereitung

Zunächst schälen Sie den Apfel und die Kiwis und schneiden sie in grobe Stücke. Anschließend pressen Sie die Orangen aus. Geben Sie alle Zutaten in den Mixer und pürieren Sie das Ganze zu einem leckeren Smoothie.

5.Leckere Beeren-Smoothies

5.1 Erdbeer-Smoothie | + Mango & Banane

ZWEI GLÄSER

Zutaten

1 kleine Banane
1/2 Mango
150 g Erdbeeren
4 EL Joghurt
250 ml Kokoswasser
n.B. Agavendicksaft oder Honig

Zubereitung

Schälen Sie die Banane und die Mango und schneiden Sie diese in Stücke. Anschließend waschen Sie die Erdbeeren und entfernen deren Stielansätze. Geben Sie das Obst zusammen mit dem Joghurt und dem Kokoswasser in den Mixer und pürieren Sie den Smoothie. Nach Belieben können Sie Ihren Smoothie mit Agavendicksaft oder Honig süßen.

5.2 Sauerkirsch-Smoothie | + Grapefruit

EIN GLAS

Zutaten

1/2 Pink Grapefruit (ca. 180 g)
120 g Süßkirschen
1 Spritzer Holunderblütensirup
1 EL brauner Vollrohrzucker
75 ml Holundersaft

Zubereitung

Waschen Sie zunächst die Kirschen, entfernen Sie die Kerne und geben Sie sie in den Mixer. Danach schälen Sie die Grapefruit und schneiden das Fruchtfleisch direkt aus den Trennhäutchen in den Mixer. Achten Sie beim Schälen der Grapefruit darauf, dass Sie auch die weiße Haut entfernen. Jetzt geben Sie den Holundersirup und den Zucker dazu, bis eine cremige Flüssigkeit entsteht. Zum Schluss geben Sie den Holundersaft dazu und mixen das Ganze erneut durch.

5.3 Schwarzer Johannisbeer-Smoothie | + Banane

ZWEI GLÄSER

Zutaten

150 g schwarze Johannisbeeren
1 Banane
100 ml Milch
150 g Joghurt
1 Spritzer Zitronensaft
n.B. Agavendicksaft

Zubereitung

Zupfen Sie die schwarzen Johannisbeeren von den Rispen und waschen Sie diese gründlich. Anschließend schälen Sie die Banane und schneiden diese in grobe Stücke. Zum Schluss geben Sie alle Zutaten in den Mixer und pürieren den Smoothie. Nach Belieben können Sie den Smoothie mit etwas Agavendicksaft nachsüßen.

5.4 Blaubeer-Smoothie | + Banane

VIER GLÄSER

Zutaten

2 Bananen
300 g TK-Blaubeeren
500 g Joghurt, 3,5% Fett
1 Pck. Vanillezucker
2 TL Honig

Zubereitung

Zuerst schälen Sie die Bananen und schneiden diese direkt in den Mixer. Geben Sie nun die Blaubeeren, den Joghurt, den Vanillezucker und 2 TL Honig mit in den Mixer und pürieren Sie den Smoothie so lange, bis er schön cremig ist.

5.5 Erdbeer-Smoothie | + Feige

ZWEI GLÄSER

Zutaten

100 g Feigen

200 g Erdbeeren

200 g Milch

n. B. Agavendicksaft

Zubereitung

Waschen und vierteln Sie zunächst die Feigen. Waschen Sie ebenfalls die Erdbeeren und entfernen Sie die Stielansätze. Schließlich geben Sie das Obst zusammen mit der Milch in den Mixer und pürieren das Ganze. Mit etwas Agavendicksaft können Sie Ihren Smoothie nachsüßen.

5.6 Himbeer-Smoothie | + Banane

VIER GLÄSER

Zutaten

1 Banane
150 g Himbeeren
300 ml Milch
1 EL Zucker

Zubereitung

Schälen Sie die Banane und schneiden Sie sie in kleine Würfel. Anschließend geben Sie die Bananenstücke zusammen mit den Himbeeren, der Milch und etwas Zucker in den Mixer und pürieren alles. Tipp: Dieser Smoothie schmeckt besonders gut wenn er kalt ist. Verwenden Sie gefrorene Himbeeren, dann benötigen Sie kein Eis.

5.7 Erdbeer-Smoothie | + Apfel & Banane

Zutaten

5 Erdbeeren

1/2 Apfel

1/2 Banane

2 Eiswürfel

n.B. Orangensaft zum Auffüllen

n.B. Ananassaft zum Auffüllen

Zubereitung

Waschen Sie die Erdbeeren, entfernen Sie die Stielansätze und geben Sie sie direkt in den Mixer. Anschließend schälen Sie den Apfel, entfernen das Kerngehäuse und geben diesen ebenfalls mit in den Mixer. Jetzt schälen Sie nur noch die Banane und geben diese auch noch dazu. Zum Schluss geben Sie die Eiswürfel mit in den Mixer und pürieren das Ganze. Füllen Sie den Behälter mit Orangensaft und Ananassaft auf, bis die gewünschte Sämigkeit erreicht ist.

5.8 Weintrauben-Smoothie | + Banane

ZWEI GLÄSER

Zutaten

200 g rote Weintrauben
100 g Banane
200 g Dickmilch
1 Spritzer Zitronensaft
n. B. Süßstoff

Zubereitung

Zupfen Sie die Trauben von den Stielen und waschen Sie diese. Jetzt schälen Sie die Banane und schneiden sie in grobe Stücke. Zum Schluss geben Sie das Obst zusammen mit einem Spritzer Zitronensaft und Dickmilch in den Mixer. Nach Belieben können Sie Ihren Smoothie auch noch mit etwas Süßstoff (z.B. mit Stevia) nachsüßen.

5.9 Roter Johannisbeer-Smoothie

VIER GLÄSER

Zutaten

250 g rote Johannisbeeren
1/2 Limette
150 g Joghurt
n.B. 1 TL Agavendicksaft oder Honig

Zubereitung

Entfernen Sie das Grün der Johannisbeeren und waschen Sie diese. Nun pressen Sie eine halbe Limette aus und mixen den Saft zusammen mit den Johannisbeeren, dem Joghurt und etwas Agavendicksaft oder Honig zu einem leckeren Smoothie.

5.10 Beerenmix-Smoothie | + Mango & Banane

DREI GLÄSER

Zutaten

7 Bananen
2 Mangos
300 g gemischte Beeren
5 Blätter Minze
200 g Joghurt
1 Schuss Kirschsaft
1 EL Honig

Zubereitung

Zunächst schälen Sie die Bananen und schneiden diese in grobe Stücke. Im Anschluss schälen Sie die Mangos, entfernen die Kerne und geben diese zusammen mit der Banane in den Mixer. Zum Schluss geben Sie die Minze, den Joghurt, den Kirschsaft, die Beerenmischung und etwas Honig mit in den Mixer und mixen alles kräftig durch. Tipp: Mit „gemischte Beeren“ sind alle möglichen Beeren (Erdbeeren, Himbeeren etc.) gemeint. Gemischte TK-Beeren findet man auch in jedem Supermarkt.

5.11 Blaubeer-Smoothie | + Mango

ZWEI GLÄSER

Zutaten

1 Handvoll Heidelbeeren

1 Mango

150 g Joghurt

Zubereitung

Waschen Sie die Blaubeeren und geben Sie diese in den Mixer. Nun schälen Sie die Mango, entfernen den Kern und schneiden das Fruchtfleisch in grobe Stücke. Abschließend geben Sie alle Zutaten in den Mixer und pürieren alles zu einem köstlichen Smoothie.

5.12 Erdbeer-Smoothie | + Mango, Melone & Ananas

ZWEI GLÄSER

Zutaten

150 g Wassermelone
150 g Honigmelone
150 g Erdbeeren
150 g Mango
100 g Ananas
250 ml Orangensaft
2 EL Honig
n.B. Crushed Ice

Zubereitung

Schneiden Sie die Melonen auf, entkernen Sie diese und lösen Sie anschließend das Fruchtfleisch aus der Schale. Jetzt schälen, entkernen und würfeln Sie die Mango. Waschen Sie auch die Erdbeeren und entfernen Sie das Grün. Schließlich schälen Sie auch noch die Ananas und schneiden diese ebenfalls klein. Geben Sie das Obst in den Mixer und mixen Sie das Ganze zu einer cremigen Masse. Zum Schluss geben Sie den Orangensaft und das Crushed Ice hinzu und mixen Ihren Smoothie immer wieder, bis er die gewünschte Sämigkeit erreicht hat.

5.13 Stachelbeer-Johannesbeeren-Smoothie

ZWEI GLÄSER

Zutaten

100 g Stachelbeeren
50 g schwarze Johannisbeeren
50 g Joghurt
150 g Milch
1 Spritzer Zitronensaft
n.B. Agavendicksaft

Zubereitung

Im ersten Schritt zupfen Sie die Stachelbeeren und die Johannisbeeren von den Rispen ab und waschen diese gründlich. Zusammen mit den restlichen Zutaten geben Sie alles in den Mixer und pürieren den Smoothie. Zum Schluss schmecken Sie den Smoothie noch mit etwas Agavendicksaft ab.

5.14 Erdbeer-Smoothie | + Banane

VIER GLÄSER

Zutaten

350 g Erdbeeren
1 Banane
500 ml Orangensaft
1 EL Honig
4 Erdbeeren für die Garnitur

Zubereitung

Putzen Sie die Erdbeeren, entfernen Sie das Grün und geben Sie diese direkt in den Mixer. Nun schälen Sie die Banane und geben diese zusammen mit dem Honig und dem Orangensaft mit in den Mixer. Pürieren Sie das Ganze, teilen Sie den Smoothie auf vier Gläser auf und garnieren Sie die Smoothies mit jeweils einer frischen Erdbeere pro Glas.

5.15 Himbeer-Smoothie | + Apfel & Orange

Zutaten

250 g TK-Himbeeren
300 ml Orangensaft
300 ml Apfelsaft
1 EL Puderzucker
2 EL Ahornsirup

Zubereitung

Geben Sie die TK-Himbeeren zusammen mit dem Apfelsaft in den Mixer und pürieren Sie das Ganze. Im nächsten Schritt füllen Sie den Behälter mit ca. 300 ml Orangensaft auf, geben Ahornsirup dazu und mixen den Smoothie noch einmal kräftig durch. Teilen Sie den Smoothie auf zwei Gläser auf und streuen Sie etwas Pulverzucker darüber.

5.16 Blaubeer-Smoothie

ZWEI GLÄSER

Zutaten

300 ml Orangensaft
1 Becher Kokos-Joghurt
300 g Blaubeeren
n.B. Honig

Zubereitung

Geben Sie den Kokos-Joghurt zusammen mit den Blaubeeren und dem Orangensaft in den Mixer und pürieren Sie das Ganze. Nach Belieben können Sie den Smoothie mit etwas Honig nachsüßen.

5.17 Roter Johannisbeer-Smoothie | + Kiwi & Banane

Zutaten

1 Banane

2 Kiwis

200 g rote Johannisbeeren

etwas Stevia

n.B. Wasser

Zubereitung

Entrispen und waschen Sie die Johannisbeeren. Schälen Sie die Kiwis und die Banane und schneiden Sie diese in grobe Stücke. Geben Sie das Obst in den Mixer und pürieren Sie Ihren Smoothie. Süßen Sie den Smoothie gegebenenfalls mit etwas Stevia nach. Falls Ihnen der Smoothie zu dickflüssig sein sollte, verdünnen Sie ihn einfach mit etwas Wasser.

5.18 Himbeer-Smoothie | + Birne

ZWEI GLÄSER

Zutaten

2 große Birnen
150 g Himbeeren
200 ml Wasser
n.B. Honig

Zubereitung

Schälen und schneiden Sie die Birnen in Würfel und mixen Sie diese zusammen mit den Himbeeren und ca. 200 ml Wasser. Schmecken Sie Ihren Smoothie mit etwas Honig ab. Tipp: Wenn Sie die Himbeerkörner stören, passieren Sie den Smoothie im Anschluss nochmal durch ein Sieb.

5.19 Erdbeer-Smoothie | + Ananas & Banane

ZWEI GLÄSER

Zutaten

200 g Ananas
200 g Erdbeeren
1 kleine Banane

Zubereitung

Im ersten Schritt schälen Sie die Ananas und die Banane und schneiden diese in Würfel. Nun waschen Sie die Erdbeeren, entfernen die Stielansätze und pürieren diese zusammen mit den Obstwürfeln in ihrem Mixer.

5.20 Weintrauben-Smoothie | + Kiwi & Apfel

Zutaten

1 Kiwi
1 Apfel
2 Tassen grüne Weintrauben
ca. 200 ml Wasser

Zubereitung

Schälen Sie den Apfel und die Kiwi und schneiden Sie diese in grobe Stücke in den Mixer. Jetzt waschen Sie die Weintrauben und geben diese zusammen mit ca. 200 ml Wasser in den Mixer. Pürieren Sie alles kräftig durch. Tipp: Da Weintrauben einen sehr hohen Wassergehalt haben, könnte es sein dass Ihr Smoothie mit 200 ml Wasser zu flüssig wird. Verwenden Sie daher zu Beginn lieber 100 ml Wasser und entscheiden Sie selbst, ob Sie den Smoothie gerne noch flüssiger hätten.

5.21 Preiselbeer-Smoothie

EIN GLAS

Zutaten

50 g Preiselbeeren
100 ml Orangensaft
100 ml Leinsamen (eingeweicht)
50 g Cashewkerne
1 Spritzer Zitrone

Zubereitung

Zupfen Sie die Preiselbeeren von den Rispen und waschen Sie diese gründlich ab. Geben Sie alle Zutaten in den Mixer und pürieren Sie die Zutaten zu einem cremigen Smoothie. Tipp: Die Leinsamen sollten Sie vorher mind. 15 Minuten in Wasser einweichen lassen, damit sie aufweichen und besser verarbeitet werden können.

5.22 Sauerkirsch-Smoothie

ZWEI GLÄSER

Zutaten

600 g Sauerkirschen
4 EL Kokossirup
1 Limette

Zubereitung

Im ersten Schritt waschen und entkernen Sie die Kirschen und kühlen diese für mindestens 30 Minuten in Ihrem Kühlschrank. Anschließend pürieren Sie die Kirschen zusammen mit dem Kokossirup und schmecken den Smoothie mit dem Saft einer Limette ab.

5.23 Himbeer-Blaubeeren-Smoothie

ZWEI GLÄSER

Zutaten

200 g Himbeeren
50 g Blaubeeren
400 ml Milch
3 EL Zucker
n.B. Crushed Ice

Zubereitung

Geben Sie die Blaubeeren zusammen mit den Himbeeren, Milch und etwas Zucker in den Mixer und mixen Sie das Ganze kräftig durch. Tipp: Sie können auch gefrorene Beeren verwenden, wenn Sie kein Crushed Ice im Haus haben.

5.24 Erdbeer-Smoothie | + Mango

EIN GLAS

Zutaten

100 g Erdbeeren
200 g Mango
n.B. Limettensaft

Zubereitung

Waschen Sie die Erdbeeren, entfernen Sie die Stielansätze und geben Sie diese direkt in den Mixer. Im nächsten Schritt schälen, entkernen und zerkleinern Sie die Mango und geben diese ebenfalls mit dazu. Mixen Sie alles kräftig durch und schmecken Sie Ihren Smoothie mit etwas Limettensaft ab.

5.25 Brombeer-Smoothie | + Kiwi & Banane

ZWEI GLÄSER

Zutaten

1 Handvoll Brombeeren
1 Banane
2 Kiwis
n.B. Milch
n.B. Honig

Zubereitung

Schälen Sie zunächst die Kiwis und die Banane und zerkleinern Sie diese. Waschen Sie nun die Brombeeren und mixen Sie das gesamte Obst in Ihrem Mixer. Zum Schluss geben Sie etwas Milch und Honig dazu und mixen den Smoothie erneut.

5.26 Weintrauben-Smoothie | + Zuckermelone

Zutaten

200 g Weintrauben
200 g Zuckermelone
1 Spritzer Zitronensaft
n.B. Agavendicksaft

Zubereitung

Zu Beginn waschen Sie die Weintrauben und trennen sie von den Rispen. Anschließend halbieren Sie die Zuckermelone, entfernen die Kerne und schneiden etwa 200 g Fruchtfleisch heraus. Geben Sie die Melonenstücke zusammen mit den Weintrauben und einem Spritzer Zitronensaft in den Mixer und pürieren Sie alles. Mit etwas Agavendicksaft schmecken Sie Ihren Smoothie ab.

5.27 Roter Johannesbeer-Erdbeeren-Smoothie

ZWEI GLÄSER

Zutaten

80 g rote Johannisbeeren
80 g Erdbeeren
200 g Joghurt
50 g Milch
n.B. Agavendicksaft

Zubereitung

Waschen Sie zu Beginn die Erdbeeren und entfernen Sie die Stielansätze. Danach entrispen Sie die Johannisbeeren und waschen diese ebenfalls. Geben Sie die Beeren zusammen mit der Milch und dem Joghurt in den Mixer und pürieren Sie das Ganze. Nach Belieben können Sie ihren Smoothie mit etwas Agavendicksaft nachsüßen.

5.28 Himbeer-Blaubeeren-Smoothie

ZWEI GLÄSER

Zutaten

80 g Himbeeren
40 g Heidelbeeren
200 g Jogurt
1 TL Honig

Zubereitung

Waschen Sie zunächst die Beeren und pürieren Sie diese kurz im Mixer. Nun geben Sie den Joghurt und ca. 1 TL Honig dazu und mixen alles gut durch. Sollten Sie es etwas süßer mögen, können Sie mit etwas mehr Honig nachsüßen.

5.29 Stachelbeer-Smoothie | + Mango

ZWEI GLÄSER

Zutaten

50 g Stachelbeeren
100 g Mango
125 ml Milch
125 g Joghurt
1 Spritzer Zitronensaft

Zubereitung

Zuerst schälen Sie die Mango(s) und schneiden diese in den Mixer. Nun zupfen Sie die Stachelbeeren von den Rispen und waschen diese gründlich. Geben Sie die Stachelbeeren zusammen mit der Milch, dem Joghurt und dem Zitronensaft in den Mixer und pürieren Sie alles.

5.30 Himbeer-Erdbeeren-Smoothie | + Banane

Zutaten

1/2 Banane
300 g Himbeeren
150 g Erdbeeren
2 EL Zitronensaft
50 ml Apfelsaft

Zubereitung

Schälen Sie die Banane und geben Sie die Hälfte davon in den Mixer. Waschen Sie die Erdbeeren, entfernen Sie die Strünke und geben Sie diese nun mit den Himbeeren und dem Zitronen- und Apfelsaft in den Mixer. Für eine klarere Konsistenz können Sie den Smoothie nach dem Mixen durch ein Sieb abgießen.

5.31 Weintrauben-Smoothie | + Banane & Orangen

VIER GLÄSER

Zutaten

400 g Weintrauben
4 Bananen
4 Orangen

Zubereitung

Zupfen Sie die Weintrauben von den Rispen ab und waschen Sie sie. Anschließend schälen Sie die Bananen und mixen diese mit den Weintrauben. Pressen Sie nun die vier Orangen aus, geben Sie den Saft dazu und mixen Sie erneut. Je nachdem welche Konsistenz Sie bevorzugen, können Sie noch etwas Wasser hinzufügen.

5.32 Preiselbeer-Smoothie | + Banane

ZWEI GLÄSER

Zutaten

2 Bananen
100 g Preiselbeeren
250 g Fruchtjoghurt
400 ml Milch
4 Tropfen Vanillearoma

Zubereitung

Im ersten Schritt schälen Sie die Bananen und schneiden diese klein. Anschließend zupfen Sie die Preiselbeeren von den Rispen und waschen diese gründlich. Pürieren Sie die Bananen-Stücke und die Preiselbeeren jetzt in Ihrem Mixer. Nun geben Sie die Milch, den Joghurt und das Vanillearoma hinzu und mixen den Smoothie cremig.

5.33 Brombeer-Smoothie | + Banane

DREI GLÄSER

Zutaten

125 g Brombeeren
2 Bananen
1/2 Zitrone
2 EL Traubenzucker
400 ml Milch

Zubereitung

Entfernen Sie die Schale der Bananen und schneiden Sie diese in Scheiben direkt in den Mixer. Nun waschen Sie die Brombeeren und geben diese ebenfalls mit in den Mixer. Pressen Sie schließlich eine halbe Zitrone aus, geben Sie deren Saft, die Milch und den Traubenzucker dazu und mixen Sie alles zu einem cremigen Smoothie. Tipp: Legen Sie vorher einige Brombeeren beiseite und spießen Sie diese auf einen Spieß auf. Vor dem Servieren können Sie die Beeren-Spieße als Deko auf die Ränder der Gläser legen.

5.34 Blaubeer-Smoothie | + Banane & Apfel

ZWEI GLÄSER

Zutaten

1 Banane

1 Apfel

20 Blaubeeren

150 ml Orangensaft

Zubereitung

Zu Beginn schälen Sie die Banane und den Apfel und würfeln das Obst. Nun mixen Sie das Obst zusammen mit dem Orangensaft und den Blaubeeren. Je nach gewünschter Sämigkeit geben Sie mehr oder weniger Orangensaft hinzu.

5.35 Himbeer-Smoothie | + Pfirsich

EIN GLAS

Zutaten

1 Pfirsich

20 g Himbeeren

150 ml Milch

1 Kugel Erdbeereis

Zubereitung

Waschen und entkernen Sie den Pfirsich, schneiden Sie diesen klein und pürieren Sie ihn zusammen mit den Himbeeren und der Milch. Wenn Sie den Smoothie angerichtet haben, geben Sie noch eine Kugel Erdbeereis in das Glas.

5.36 Erdbeer-Smoothie | + Aprikose

DREI GLÄSER

Zutaten

250 g Aprikose
150 g Erdbeeren
300 ml Orangensaft
100 g Joghurt
n.B. Honig

Zubereitung

Waschen und entkernen Sie die Aprikosen und schneiden Sie diese in den Mixer. Anschließend waschen Sie die Erdbeeren, entfernen das Grün und geben diese ebenfalls in den Mixer. Pürieren Sie den Smoothie bis er schön cremig ist und rühren Sie nach dem Anrichten etwas Joghurt unter. Honig eignet sich übrigens sehr gut zum Nachsüßen.

5.37 Sauerkirsch-Smoothie | + Wassermelone

VIER GLÄSER

Zutaten

12 EL Sauerkirschen (aus dem Glas)
1/2 kleine Wassermelone
80 ml Grenadinesirup
80 ml Zitronenlimonade

Zubereitung

Lassen Sie die Sauerkirschen abtropfen und geben Sie diese direkt in den Mixer. Lösen Sie nun das Fruchtfleisch aus einer halben Melone, entfernen Sie die Kerne und würfeln Sie das Fruchtfleisch. Geben Sie die Melonenwürfel zusammen mit dem Grenadinesirup ebenfalls mit in den Mixer und mixen Sie das Ganze kräftig durch. Zum Schluss gießen Sie die Zitronenlimonade dazu und mixen den Smoothie erneut. Tipp: Aus der restlichen Melone kann man kleine Würfel schneiden, diese auf Cocktailspieße aufstecken und wunderbar als Deko auf die Glasränder legen.

5.38 Schwarzer Johannisbeer-Smoothie | + Aprikose

EIN GLAS

Zutaten

5 Aprikosen
70 g schwarze Johannisbeeren
5 Eiswürfel
150 ml Apfelsaft
n.B. 1-2 EL Agavensirup

Zubereitung

Waschen, halbieren und entkernen Sie die Aprikosen. Anschließend zupfen Sie die Johannisbeeren von den Rispen und waschen diese. Schließlich geben Sie alle Zutaten in den Mixer und fertig ist Ihr Smoothie. Mit Agavensirup können Sie Ihren Smoothie nach Belieben nachsüßen.

5.39 Blaubeer-Smoothie | + Kiwi

VIER GLÄSER

Zutaten

200 g Blaubeeren
2 Kiwis
1 TL Ingwer
2 Orangen
1 Limette

Zubereitung

Entfernen Sie die Schale der Kiwis und schneiden Sie diese in Stücke. Danach waschen Sie die Blaubeeren. Schälen Sie nun den Ingwer und schneiden Sie ein wallnussgroßes Stück ab. Pressen Sie außerdem eine Limette und zwei Orangen aus. Als Alternative können Sie auch ca. 100-150 ml Orangensaft verwenden. Geben Sie alles in Ihren Mixer und pürieren Sie das Ganze.

5.40 Preiselbeer-Erdbeeren-Smoothie

ZWEI GLÄSER

Zutaten

100 g Erdbeeren
100 g Preiselbeeren
3 EL Zucker
400 ml Milch
1 Pkg. Frischkäse

Zubereitung

Entfernen Sie die Preiselbeeren von den Rispen und waschen Sie diese. Anschließend waschen Sie die Erdbeeren und entfernen die grünen Strünke. Zum Schluss geben Sie alle Zutaten in den Mixer und pürieren das Ganze zu einem köstlichen Smoothie.

5.41 Himbeer-Smoothie

ZWEI GLÄSER

Zutaten

200 g Himbeeren

100 ml Natur-Joghurt

100 ml Milch

Zubereitung

Waschen Sie die Himbeeren und geben Sie diese mit dem Joghurt und der Milch in den Mixer. Nun mixen Sie alles kräftig durch. Sollten Sie die kleinen Himbeerkerne stören, gießen Sie den Smoothie im Anschluss nochmal durch ein Sieb.

5.42 Brombeer-Johannisbeeren-Smoothie | + Banane

EIN GLAS

Zutaten

85 g Schwarze Johannisbeeren
35 g Brombeeren
1/2 Banane
75 ml Zitronenlimonade

Zubereitung

Waschen Sie die Johannesbeeren und die Brombeeren. Lassen Sie die Beeren gut abtropfen und geben Sie sie dann in den Mixer. Nun schälen Sie die Banane, zerkleinern diese grob und geben die Bananenstücke ebenfalls mit in den Mixer. Jetzt gießen Sie die Zitronenlimonade dazu und mixen das Ganze gut durch.

5.43 Weintrauben-Smoothie | + Pflaume

EIN GLAS

Zutaten

200 g Pflaumen
200 g rote Weintrauben
250 g Joghurt
1-2 Prisen Zimt

Zubereitung

Zupfen Sie die Weintrauben von den Rispen ab. Danach waschen Sie die Pflaumen und entkernen diese. Geben Sie die Trauben und die Pflaumen zusammen mit dem Joghurt und 1 bis 2 Prisen Zimt in den Mixer.

5.44 Süßkirschen-Smoothie | + Banane

VIER GLÄSER

Zutaten

200 g Süßkirschen
100 ml Kirschsaft
1 Banane
1 cm frischer Ingwer
1/2 Zitrone
2 EL gehobelte Mandeln

Zubereitung

Waschen und entkernen Sie die Süßkirschen. Nun schälen Sie die Banane und schneiden sie in grobe Scheiben. Schälen Sie den Ingwer und schneiden Sie etwa 1 cm der Wurzel ab. Anschließend pressen Sie noch eine halbe Zitrone aus. Geben Sie jetzt alle Zutaten bis auf die Mandeln in den Mixer und pürieren Sie Ihren Smoothie. Zum Schluss braten Sie die Mandeln in einer Pfanne ganz ohne Öl kurz an und streuen diese vor dem Servieren über die Gläser.

5.45 Blaubeer-Smoothie | + Mandarine

ZWEI GLÄSER

Zutaten

250 g Heidelbeeren
4 Mandarinen
150 g Joghurt
1 EL Puderzucker

Zubereitung

Schälen Sie die Mandarinen und geben Sie sie zusammen mit den Beeren, dem Joghurt und den Puderzucker in den Mixer. Pürieren Sie das Ganze zu einem cremigen Smoothie. Nach dem Anrichten können Sie etwas Puderzucker über die Gläser streuen.

6.Exotische Obst-Smoothies

6.1 Obstmix-Kefir-Smoothie

ZWEI GLÄSER

Zutaten

80 g Wassermelone
50 g Galiamelone
60 g Pfirsich
50 g Banane
50 g Aprikose
200 g Kefir
1 Spritzer Zitronensaft
n.B. Zucker oder Agavendicksaft

Zubereitung

Halbieren Sie die Melonen, entkernen Sie diese und schneiden Sie das Fruchtfleisch heraus. Nun waschen, halbieren und entkernen Sie die Pfirsiche und Aprikosen. Anschließend schälen Sie die Banane und zerkleinern diese grob. Geben Sie zum Schluss das Obst zusammen mit dem Kefir und dem Zitronensaft in den Mixer und mixen Sie das Ganze cremig.

6.2 Erdbeer-Bananen-Smoothie | + Haferflocken & Kakao

EIN GLAS

Zutaten

1 Banane
5 Erdbeeren
150 ml Milch
20 g zarte Haferflocken
1 EL ungesüßtes Kakaopulver
etwas Joghurt
n.B. Honig

Zubereitung

Waschen Sie die Erdbeeren und entfernen Sie die grünen Strünke. Im zweiten Schritt schälen Sie die Banane und schneiden sie in grobe Stücke. Geben Sie das Obst zusammen mit der Milch, etwas Joghurt, den Haferflocken, dem Kakaopulver und ggf. etwas Honig in den Mixer und mixen Sie alles cremig. Durch die Haferflocken ist dieser Smoothie sättigender als andere Rezepte.

6.3 Apfel-Bananen-Smoothie | + Haferflocken

ZWEI GLÄSER

Zutaten

1 Apfel
1 Banane
15 Rosinen
1 Handvoll Haferflocken
1 gehäufter TL Weizenkleie
200 ml Milch
50 ml Wasser

Zubereitung

Schälen Sie den Apfel, entfernen Sie das Kerngehäuse und schneiden Sie ihn in grobe Stücke. Anschließend schälen Sie die Banane und schneiden diese ebenfalls in grobe Stücke. Geben Sie das Obst zusammen mit allen anderen Zutaten in den Mixer.

Tipp: Da das Obst selbst Wasser enthält ist die empfohlene Menge an Wasser nur ein grober Richtwert. Fügen Sie zunächst etwas weniger Wasser hinzu und mixen Sie lieber einmal mehr, um die gewünschte Sämigkeit zu erreichen.

6.4 Honigeis-Smoothie

ZWEI GLÄSER

Zutaten

200 g Honigmelone
250 ml Milch
150 g Joghurt
1 EL Honig
2 Kugel Vanilleeis
2 Scheiben Melone

Zubereitung

Schneiden Sie die Melone auf und geben Sie das Fruchtfleisch direkt in den Mixer. Danach fügen Sie die Milch, den Joghurt und den Honig hinzu und mixen alles gründlich durch. Anschließend geben Sie zwei Kugeln Vanilleeis in den Mixer und pürieren das Ganze kurz auf höchster Stufe. Wenn Sie den Smoothie angerichtet haben, können Sie die beiden Melonenscheiben anschneiden und als Deko an den Glasrändern anbringen. Tipp: Achten Sie darauf, dass die Milch und der Joghurt gut gekühlt sind.

6.5 Weißer Tee-Smoothie

Zutaten

1 Beutel Weißer Tee
1/2 kleine Sternfrucht
1 Cherimoya
50g Joghurt
n.B. Süßstoff

Zubereitung

Zunächst kochen Sie den Tee mit 150 ml Wasser auf. Lassen Sie diesen für ca. 30 Minuten abkühlen. Inzwischen schälen, entkernen und schneiden Sie die Cherimoya in kleine Stücke. Im nächsten Schritt waschen Sie die Sternfrucht und schneiden sie in Scheiben. Die Sternfrucht muss übrigens nicht geschält und entkernt werden. Geben Sie die Cherimoya- und Sternfrucht-Stücke zusammen mit dem Joghurt, etwas Süßstoff und dem abgekühlten Tee in den Mixer. Mixen Sie alles kräftig durch und dekorieren Sie beim Anrichten den Glasrand mit einer Scheibe Sternfrucht. Tipp: Da der Tee noch etwas Restwärme haben könnte, empfehle ich Ihnen den Smoothie mit ein paar Eiswürfeln zuzubereiten.

6.6 Ananas-Ingwer-Smoothie

EIN GLAS

Zutaten

1 Scheibe Ananas
1/2 Tasse saurer Kombucha
2 EL Kokosnussbutter
1/2 TL Ingwerwurzel

Zubereitung

Zu Beginn schälen Sie die Ananas und schneiden eine Scheibe direkt in den Mixer. Als Alternative können Sie natürlich auch eine Scheibe aus der Dose verwenden. Nun schälen Sie die Ingwerwurzel und geben etwa 1/2 TL davon mit in den Mixer. Zum Schluss fügen Sie noch den sauren Kombucha und Kokosnussbutter hinzu und mixen den Smoothie schön cremig. Kombucha ist übrigens ein süß-säuerliches Getränk, dass aus verschiedenen Pilzen und Mikroben hergestellt wird.

6.7 Avocado-Smoothie

Zutaten

1 Avocado
3 Scheiben Ananas
1 Kiwi
1/4 Honigmelone

Zubereitung

Halbieren Sie die Avocado, entfernen Sie die Schale und entkernen Sie sie. Anschließend schälen Sie die Ananas und schneiden drei, dicke Scheiben ab. Im nächsten Schritt halbieren Sie die Kiwi und schneiden den weißen Strunk in der Mitte heraus. Nun vierteln Sie die Honigmelone, entfernen die Schale und entkernen sie mit einem Löffel. Geben Sie alle Zutaten in den Mixer und pürieren Sie das Ganze zu einem köstlichen Smoothie.

6.8 Obst-Smoothie | + Walnüsse

VIER GLÄSER

Zutaten

1 Kiwi

1 Banane

1 Mango

1 Papaya

1 Aprikose

40 g Walnüsse

4 TL Honig

400 ml Orangensaft

Zubereitung

Schälen Sie alle Früchte und entkernen Sie die Aprikose und die Mango. Schneiden Sie nun das Fruchtfleisch aller Früchte in grobe Stücke. Anschließend knacken Sie die Walnüsse und hacken die Kerne grob. Geben Sie die Früchte zusammen mit 40 ml Orangensaft in den Mixer und pürieren Sie den Smoothie bis er sämig ist. Zum Schluss schmecken Sie Ihren Smoothie mit etwas Honig ab. Tipp: Sie können auch jede andere Nusssorte verwenden.

6.9 Himbeer-Smoothie | + Nüsse & Leinsamen

Zutaten

200 g Himbeeren
1 Banane
200 g Joghurt
1 TL Pistazien oder Mandeln
1 TL Leinsamen
n.B. 1 TL Honig

Zubereitung

Zunächst schälen Sie die Banane und schneiden diese in grobe Stücke. Waschen Sie nun die Himbeeren und hacken Sie die Nüsse klein. Geben Sie alle Zutaten jetzt in Ihren Mixer und pürieren Sie das Ganze. Je nach Bedarf können Sie den Smoothie mit etwas Honig abschmecken. Tipp: Vor der Zubereitung sollten Sie die Leinsamen für mind. 15 Minuten in einem Wasserbad einweichen, damit diese aufquellen und vom Mixer besser verarbeitet werden können.

6.10 Chiasamen-Smoothie | + Trauben, Pflaumen & Kiwi

DREI GLÄSER

Zutaten

10 Erdbeeren
2 Pflaumen
2 Tassen Weintrauben (rot/grün gemischt)
1 Orange
2 EL Chiasamen
n.B. 1 TL Honig

Zubereitung

Schneiden Sie die Orange auf und pressen Sie den Saft heraus. Nun waschen Sie die Erdbeeren und entfernen die grünen Stielansätze. Entfernen Sie außerdem die Weintrauben von den Rispen und waschen Sie diese ebenfalls. Nun waschen Sie schließlich die Pflaumen, schneiden diese auf und entfernen die Kerne. Geben Sie alle Zutaten in den Mixer und pürieren Sie das Ganze zu einem cremigen Smoothie. Tipp: Lassen Sie die Chia-Samen vorher für etwa eine halbe Stunde im Wasser aufquellen. Dadurch lassen sie sich besser verarbeiten.

6.11 Klassischer Grüner Smoothie

DREI GLÄSER

Zutaten

100 g frischen Spinat
1 Apfel
300 g Wassermelone
ca. 400 ml Wasser

Zubereitung

In diesem Buch geht es zwar um reine Obst- und Beeren-Smoothies, doch ich möchte Ihnen an dieser Stelle gerne einen einfachen Grünen Smoothie an´s Herz legen. Wer weiß, vielleicht kommen Sie ja auf den Geschmack. :) Schälen Sie den Apfel, entfernen Sie das Kerngehäuse und schneiden Sie ihn direkt in den Mixer. Nun halbieren Sie die Wassermelone und schneiden ca. 300 g Fruchtfleisch heraus, welches Sie ebenfalls mit in den Mixer geben. Zum Schluss geben Sie den frischen Blattspinat dazu, füllen den Mixer mit ca. 400 ml Wasser auf und pürieren das Ganze. Bei diesem Rezept handelt es sich um einen klassischen Grünen Smoothie, der durch seine milden Zutaten besonders gut für Anfänger geeignet ist. Probieren Sie es aus!

7. Saisonkalender

Die folgende Tabelle verschafft Ihnen einen Überblick, zu welcher Jahreszeit Sie frisches Obst und Beeren erwarten können. Neben der garantierten Frische hat der bewusste Konsum von saisonalen Lebensmitteln auch ökologische Vorteile, die für viele Menschen zunehmend an Bedeutung gewinnen.

	Jan	Feb	Mär	Apr	Mai	Juni	Juli	Aug	Sep	Okt	Nov	Dez
Ananas												
Äpfel						◗	●	●	●	●		
Aprikosen							●	●				
Bananen	ganzjähriger Import											
Birnen							◗	●	●	●		
Blaubeeren							●	●	◖			
Brombeeren							●	●	●	●		
Erdbeeren					◗	●	●	●				
Feigen							●	●	●			
Grapefruits						●	●	●	●	●		
Holunderbeeren					◗	◖						
Himbeeren						●	●	●	●	●		
Johannisbeeren						●	●	●				
Jostabeeren							●	●				
Kirschen						●	●	●				
Kiwis	ganzjähriger Import											
Melonen							●	●	●			
Monatserdbeeren						●	●	●	●	●		
Mirabellen								●	●			
Nektarinen							●	●				
Pfirsiche							●	●				
Pflaumen							◗	●	●			
Preiselbeeren								●	◖			
Quitten										●	●	
Stachelbeeren							●	●				
Trauben						◗	●					
Zitrone	ganzjähriger Import											
Zwetschgen						◗	●	●				

8.Schlusswort

An dieser Stelle möchte ich mich ganz herzlich bei meinen treuen Leserinnen und Lesern bedanken. Nie hätte ich es für möglich gehalten, dass mein erstes Buch „Das Grüne Smoothies 1x1" so einen enormen Zuspruch finden und sogar die Spitze der Amazon-Charts stürmen würde.

Hiermit bedanke ich mich von ganzem Herzen für jeden einzelnen Kauf, jede positive Rezension und jede E-Mail, die ich in den vergangenen Monaten von Ihnen erhalten habe. Es ist ein unbeschreibliches Gefühl zu wissen, dass man mit der Tätigkeit die man ausübt, so viele Menschen erreicht und ihnen tatsächlich auch hilft ...das macht mich glücklich!

Ich hoffe sehr, dass Ihnen auch mein „Obst-Smoothies 1x1" gefallen hat und ich würde mich riesig über eine Rezension von Ihnen freuen.

Amazon **Rezension schreiben** ★★★★★

Ich bedanke mich für Ihr Vertrauen und wünsche Ihnen alles Gute!

Ihre Antje Welten

9. Anhang, Rechtliches & Impressum

9.1 Notizen

9.2 Über die Autorin Antje Welten

Antje Welten wurde 1987 als Tochter eines spanischen Unternehmers und einer deutschen Lehrerin in Darmstadt geboren. Ihre frühe Kindheit verbrachte sie in Alicante, bis sich ihre Familie Mitte der 90er Jahre in Wiesbaden niederließ. Heute studiert die 28-Jährige Philologie und veröffentlichte 2015 ihren ersten Ratgeber *Das Grüne Smoothies 1x1*.

9.3 Rechtliches

Alle Angaben und Informationen in diesem Buch wurden sorgfältig ausgearbeitet. Dennoch sind Fehler und Unklarheiten nicht ausgeschlossen, weshalb die Verantwortlichen für dieses Buch keine Garantie für die Richtigkeit, Aktualität, Qualität und Vollständigkeit der Inhalte geben. Die Texte und Bilder in diesem Buch sind urheberrechtlich geschützt. Jegliche Veröffentlichung, ob ganz oder teilweise, ist streng untersagt und bedarf der ausdrücklichen Genehmigung des Herausgebers. Ein Verstoß hat rechtliche Konsequenzen.

9.4 Impressum

Die Autorin Antje Welten wird herausgegeben von:

KIWI PUBLISHING

Stephan Neumann
essneumann[at]gmail[pkt]com
Brandströmstr. 21
45661 Recklinghausen
Germany

14078105R00088

Printed in Poland
by Amazon Fulfillment
Poland Sp. z o.o., Wrocław